一番わかりやすい 身内が亡くなった後の手続き

監修 山口朝重（行政書士）

はじめに

「身近な人が亡くなった！」

こんな時、ご葬儀のことで頭がいっぱいになるのではないでしょうか？

ローンが残っていたら、お店を経営していたら、いったいどうすれば……

本書では、身近な人が亡くなった時に何をどうすればよいのか？　ということを期日が早くくる手続きから順に、わかりやすく紹介しています。身近な人が亡くなった時は、その故人に関わる数多くの手続きを並行して進めなければならないことが多いので、本書を参考にしていただき、手続き漏れによる損失や故人からの相続に関わるトラブルの発生を防ぐ一助としていただけたら幸いです。

また本書は、近年一般的になってきた「終活」の一助としてもお使いいただけます。「終活なんて考えたこともない！」という方や「何か考えておいた方がよいのかなぁ？」と漠然とは感じているけれど、何をどうしたらよいのかわからないという方は、本書を見ながらご家族や身内の方々と語り合ってみたり、本書の回し読みをしながらご自身の希望やご家族等のお考えなどを確認してみてはいかがでしょうか。

本書が、読者の皆様のお役に立つことを切に願っております。

山口朝重

もくじ

4 相続に関する手続き

5 こんな時には？

1

すぐに行うこと

身近な人・大切な人を亡くしてから数日、
最もあわただしい時期に
するべきことをまとめました。

1-1　死亡診断書（死体検案書）を受け取る

身近な人が亡くなると、精神的にも辛い中、行わなければならない手続きが次々と出てきます。何をしなければならないのかをあらかじめ知っておけば、いざという時に落ち着いて行動することができます。

病院や自宅で亡くなった場合は、臨終に立ち会った医師から「死亡診断書」を、**不慮の事故などで亡くなった**場合には、監察医の検死後に「死体検案書」を交付してもらいます。なお、死亡診断書（死体検案書）は、「死亡届」（→ P10）と一体となっています。

死亡診断書のコピーは亡くなったことを証明する書類として、今後の手続きで何回か提出を求められますが、死亡届を提出すると手元に残らないので、市区町村窓口に提出する前に多めにコピーを取っておくといいでしょう。

いつまでに

- 亡くなったことが判明した当日
  もしくは翌日までに

どこへ

- 医師に発行してもらう

誰が

- 親族や同居人

何をする

- 死亡診断書（死体検案書）を受け取る
- 内容に間違いがないかを確認する

1-2 死亡届を提出する

死亡診断書（死体検案書）を受け取ったら、「死亡届」に必要事項を記入します。届出人は主に**親族や同居人**ですが、いない場合は家主・地主・家屋管理人・土地管理人・後見人・保佐人・補助人・任意後見人のいずれかの方となります。内容に間違いがないかを確認した後、署名・捺印します。

死亡届は、死亡を知った日を含めて７日以内に、故人が**亡くなった地域**または**本籍地**、または**住んでいた地域**の市区町村窓口に、「埋火葬許可申請書」（→ P13）などと併せて提出します。

一般的には、葬儀社の人が死亡届および埋火葬許可申請書の提出を代行してくれることが多いようです。葬儀前後にはしなければならない手続きが多いので、葬儀社の人に教えてもらいながら進めるのが安心です。

いつまでに

- ７日以内（死亡日を含める）

※国外で亡くなった時は、死亡を知った日から３か月以内

どこへ

- 市区町村窓口
（故人の死亡地／本籍地／住所地のいずれか）

※ 24時間受け付けていますが、営業時間外は翌営業日の処理になります

誰が

- 親族や同居人など

何を持っていく

- 「死亡届」（→ P10）
- 届出人の印鑑（朱肉を使用するもの）

※「埋火葬許可申請書」（1-3 参照）などと併せて提出します

死亡届・死亡診断書（死体検案書）

死　亡　届

平成 29 年 10 月 1 日届出

札幌市中央区 長　殿

受 理　平成　年　月　日 第　号	発 送　平成　年　月　日
送 付　平成　年　月　日 第　号	長印

書類調査	戸籍記載	記載調査	調 査 票	附　票	住 民 票	通　知

(1) （よ み か た）	り　べ　　いさお
(2) 氏　名	氏 利　部　名 勲　☑男　□女
(3) 生　年　月　日	昭和17年 5 月 5 日（生まれてから30日以内に死亡したときは生まれた時刻も書いてください）□午前 □午後　時　分
(4) 死亡したとき	平成29 年 10 月 1 日　☑午前 □午後　5 時 15 分
(5) 死亡したところ	札幌市中央区栄北１丁目１　~~番地~~ 番　1 号
(6) 住　所（住民登録をしているところ）	札幌市中央区栄南１丁目１　~~番地~~ 番　1 号 世帯主の氏名　利 部　勲
(7) 本　籍（外国人のときは国籍だけを書いてください）	愛知県名古屋市中区栄東１丁目１　番地 ~~番~~ 筆頭者の氏名　利 部　勲
(8)(9) 死亡した人の夫または妻	☑いる（満 75 歳）　いない（□未婚　□死別　□離別）
(10) 死亡したときの世帯のおもな仕事と	□1. 農業だけまたは農業とその他の仕事を持っている世帯 □2. 自由業・商工業・サービス業等を個人で経営している世帯 ☑3. 企業・個人商店等（官公庁は除く）の常用勤労者世帯で勤め先の従業者数が１人から99人までの世帯（日々または１年未満の契約の雇用者は５） □4. ３にあてはまらない常用勤労者世帯及び会社団体の役員の世帯（日々または１年未満の契約の雇用者は５） □5. １から４にあてはまらないその他の仕事をしている者のいる世帯 □6. 仕事をしている者のいない世帯
(11) 死亡した人の職業・産業	（国勢調査の年…　年…の4月1日から翌年3月31日までに死亡したときだけ書いてください） 職業　　産業
その他	
届出人	☑1. 同居の親族　□2. 同居していない親族　□3. 同居者　□4. 家主　□5. 地主 □6. 家屋管理人　□7. 土地管理人　□8. 公設所の長　□9. 後見人 □10. 保佐人　□11. 補助人　□12. 任意後見人 住 所　札幌市中央区栄南１丁目１　~~番地~~ 番　1 号 本 籍　愛知県名古屋市中区栄東１丁目１　番地 ~~番~~　筆頭者の氏名　利部 一樹 署 名　利 部　一 樹　印　昭和47 年 7 月 3 日生

事 件 簿 番 号	

字訂正 字加入 字削除
届出印

日中連絡のとれるところ
電話（　　）
自宅　勤務先　呼出（　　方）

記入の注意

鉛筆や消えやすいインキで書かないでください。
死亡したことを知った日からかぞえて７日以内に出してください。
死亡者の本籍地でない役場に出すときは、２通出してください（札幌市内に提出する場合は、１通で結構です。）。２通の場合でも、死亡診断書は、原本１通と写し１通でさしつかえありません。

「筆頭者の氏名」には、戸籍のはじめに記載されている人の氏名を書いてください。

内縁のものはふくまれません。

□には、あてはまるものに☑のようにしるしをつけてください。

死亡者について書いてください。

届け出られた事項は、人口動態調査（統計法に基づく基幹統計調査、厚生労働省所管）、がん登録等の推進に関する法律に基づく全国がん登録（厚生労働省所管）にも用いられます。

死亡診断書 ~~（死体検案書）~~

この死亡診断書（死体検案書）は、我が国の死因統計作成の資料としても用いられます。かい書で、できるだけ詳しく書いてください。

	氏名	利部　勲　／　(1男)　2女　／　生年月日：明治　(昭和)　大正　平成　17年　5月　5日 （生まれてから30日以内に死亡したときは生まれた時刻も書いてください）午前・午後　時　分
	死亡したとき	平成　29年　10月　1日　(午前)・午後　5時　15分
(12) (13)	死亡したところ及びその種別	死亡したところの種別：(1病院)　2診療所　3介護老人保健施設　4助産所　5老人ホーム　6自宅　7その他 死亡したところ：札幌市中央区栄北1丁目1　~~番地~~ 番 1号 （死亡したところの種別1～5）施設の名称：名古病院
(14)	死亡の原因 ◆Ⅰ欄、Ⅱ欄ともに疾患の終末期の状態としての心不全、呼吸不全等は書かないでください。 ◆Ⅰ欄では、最も死亡に影響を与えた傷病名を医学的因果関係の順番で書いてください。 ◆Ⅰ欄の傷病名の記載は各欄一つにしてください。 ただし、欄が不足する場合は(エ)欄に残りを医学的因果関係の順番で書いてください。	Ⅰ（ア）直接死因：脳出血　／　発病（発症）又は受傷から死亡までの期間：9時間 Ⅰ（イ）(ア)の原因：動脈硬化症　／　5か月 Ⅰ（ウ）(イ)の原因： Ⅰ（エ）(ウ)の原因： Ⅱ 直接には死因に関係しないがⅠ欄の傷病経過に影響を及ぼした傷病名等： ◆年、月、日等の単位で書いてください。ただし、1日未満の場合は、時、分等の単位で書いてください。（例：1年3か月、5時間20分） 手術：1無　2有｛部位及び主要所見｝　手術年月日：平成 昭和　年　月　日 解剖：1無　2有｛主要所見｝
(15)	死因の種類	(1)病死及び自然死 外因死　不慮の外因死｛2交通事故　3転倒・転落　4溺水　5煙、火災及び火焔による傷害　6窒息　7中毒　8その他｝ その他及び不詳の外因死｛9自殺　10他殺　11その他及び不詳の外因｝ 12不詳の死
(16)	外因死の追加事項 ◆伝聞又は推定情報の場合でも書いてください	傷害が発生したとき：平成・昭和　年　月　日　午前・午後　時　分 傷害が発生したところの種別：1住居　2工場及び建築現場　3道路　4その他（　） 傷害が発生したところ：都道府県　市郡　区町村 手段及び状況：
(17)	生後1年未満で病死した場合の追加事項	出生時体重　グラム 単胎・多胎の別：1単胎　2多胎（　子中第　子） 妊娠週数：満　週 妊娠・分娩時における母体の病態又は異状：1無　2有｛　｝3不詳 母の生年月日：昭和 平成　年　月　日 前回までの妊娠の結果：出生児　人　死産児　胎（妊娠満22週以後に限る）
(18)	その他特に付言すべきことがら	
(19)		上記のとおり診断 ~~（検案）~~ する 診断 ~~（検案）~~ 年月日　平成29年10月1日 本診断書 ~~（検案書）~~ 発行年月日　平成29年10月1日 （病院、診療所若しくは介護老人保健施設等の名称及び所在地又は医師の住所）札幌市中央区栄北1丁目1　~~番地~~ 番 1号 （氏名）医師　名古病院　古屋　進　(印)

記入の注意

← 生年月日が不詳の場合は、推定年齢をカッコを付して書いてください。

夜の12時は「午前0時」、昼の12時は「午後0時」と書いてください。

← 「老人ホーム」は、養護老人ホーム、特別養護老人ホーム、軽費老人ホーム及び有料老人ホームをいいます。

傷病名等は、日本語で書いてください。
Ⅰ欄では、各傷病について発病の型（例：急性）病因（例：病原体名）、部位（例：胃噴門部がん）、性状（例：病理組織型）等もできるだけ書いてください。

← 妊娠中の死亡の場合は「妊娠満何週」、また、分娩中の死亡の場合は「妊娠満何週の分娩中」と書いてください。

産後42日未満の死亡の場合は「妊娠満何週産後満何日」と書いてください。

← Ⅰ欄及びⅡ欄に関係した手術について、術式又はその診断名と関連のある所見等を書いてください。
紹介状や伝聞等による情報についてもカッコを付して書いてください。

← 「2交通事故」は、事故発生からの期間にかかわらず、その事故による死亡が該当します。
「5煙、火災及び火焔による傷害」は、火災による一酸化炭素中毒、窒息等も含まれます。

← 「1住居」とは、住宅、庭等をいい、老人ホーム等の居住施設は含まれません。

← 傷害がどういう状況で起こったかを具体的に書いてください。

←

妊娠週数は、最終月経、基礎体温、超音波計測等により推定し、できるだけ正確に書いてください。

母子健康手帳等を参考に書いてください。

出典：札幌市

1-3 火葬・埋葬許可の申請を行う

火葬・埋葬を行うためには、火葬許可証が必要となります。火葬許可証は、申請書（「埋火葬許可申請書」「斎場利用許可申請書」など、地域によって異なる）を**「死亡届」と併せて**市区町村窓口に提出することで即時交付されます。

火葬は、原則として死後 24 時間を経過した後でなければ行うことができません。また、多くの火葬場では**友引の日を休業**としているので、日程調整も必要です。

火葬許可証は、火葬後に確かに火葬したことが裏書きされ、「埋葬許可証（火葬証明書）」となります。これは納骨の時に必要となるもので、墓地や納骨堂などに提出します。なお、火葬から５年以上経過すると**再発行が難しくなる**ので、大切に保管しておきましょう。

いつまでに

- ７日以内（死亡日を含める）

どこへ

- 市区町村窓口
  （故人の死亡地／本籍地／住所地のいずれか）

※公営の斎場を使用する時は、申請時に使用料が必要となる場合があります

誰が

- 親族や同居人（届出人）

※提出は、葬儀社などの代理人でも可

何を持っていく

- 申請書（「埋火葬許可申請書」「斎場利用許可申請書」など地域によって異なる）
  （→ P13）
  ※「死亡届」（1-2 参照）と併せて提出します
- 印鑑（朱肉を使用するもの）

埋火葬許可申請書

体

照合	担任	係長	課長

死体埋火葬許可申請書

平成 29 年 4 月 8 日

（あて先） 宮前 区長

本　籍　神奈川県川崎市宮前区栄西１丁目１　番地

住　所　神奈川県川崎市宮前区栄西１丁目　1 番 21 号　~~番地~~

死亡者との続柄　長男　申請人　利部 恵一　㊞

明 大 ㊐昭 58 年 10 月 17 日生

次のとおり申請します。

本　籍	神奈川県川崎市幸区住吉３丁目10　~~番~~ 番地
住　所	神奈川県川崎市幸区住吉３丁目　10 番 4 号　~~番地~~
死亡者氏名	利部 和夫　明 ㊐昭 大 平 21 年 3 月 7 日生
性　別	㊐男　女
死　因	「一類感染症等」　（「その他」）
死亡の年月日時	平成 29 年 4 月 8 日 午 ㊐前 後 4 時 20 分
死亡の場所	川崎市 宮前 区 住吉 ~~町~~ 5 丁目 6 番 2 号 ~~番地~~
埋葬又は火葬の場所	名古斎場

出典：川崎市

1-4 葬儀などの手配をする

臨終からの一般的な流れを把握しておきましょう。なお、地域によっては、異なる場合があります。

臨終

医師が死亡を確認したら、末期《まつご》の水を取ります。最近ではあまり見られなくなりましたが、これは、仏教に由来する故人の唇に水を含んだ脱脂綿を当てる儀式で、「死に水を取る」ともいいます。配偶者（妻や夫）・子・両親・兄弟姉妹・友人と、故人との関係が深い順に行います。

遺体搬送の手続き

病院で亡くなった場合は、自宅などに遺体を搬送する手続きをします。葬儀を依頼する葬儀社にお願いするのが一般的ですが、提携する業者を病院から紹介してもらうこともできます。なお、遺体搬送には医師から「死亡診断書（死体検案書）」を交付してもらう必要があります（1-1 参照）。

近親者への連絡・葬儀などの打ち合わせ

自宅などに遺体を安置したら、近親者へ連絡を入れます。同時に、葬儀社と通夜や葬儀・告別式についての打ち合わせを行います。喪主と世話役、式の概要が決まったら、勤務先や関係者、近隣の方に連絡します。

通夜

通夜は、遺族・親類縁者、故人と特に関係が深かった人のみが集まって、故人との最後の夜を過ごすものです。以前は朝まで行われていましたが、今は日が変わる前までには終わる半通夜が一般的です。最近では、通夜を行わない一日葬も増えています。

葬儀・告別式

通夜の翌日に、葬儀ならびに告別式が行われます。故人を丁重に弔い、最後のお別れをします。宗旨や宗派によって形式の違いがありますが、僧侶による読経《どきょう》、焼香《しょうこう》、弔辞《ちょうじ》、弔電、献花という流れで進められます。
柩《ひつぎ》のふたを閉める前に故人の愛用品を入れますが、最近では骨箱に入れるケースも増えてきました。

出棺・火葬・骨上げ

柩は、遺族や親族の男性数人で運びます。頭を先にして、霊柩車に乗せるまで同じ向きのまま進みます。喪主から会葬者へのあいさつが終わると、車に乗り込み、火葬場へ向かいます。約１～２時間ほどで火葬が終わると、骨上げを行い、骨を骨壺に納めます。

初七日

初七日は亡くなった日を含め７日以内に行う法要で、故人が無事三途の川を渡り終えることを祈ります。最近は葬儀の後に併せて行うこともあります。

四十九日・納骨

７回目の七日の法要が四十九日で、故人の来世が良いものであることを祈ります。納骨の時期に特に期限はありませんが、多くの場合は四十九日の法要と併せて行われます。

ポイント！

（一財）日本消費者協会のデータによると、葬儀にかかる費用の総額は約196万円で、これに別途香典返しなどの費用がかかります。葬儀費用は遺産総額から差し引くことができるので、ささいなものでもメモをしておきましょう。また、葬儀や埋葬にかかった費用の一部を補助してくれる制度があります。詳しくは5-1・5-2をご覧ください。

1-5 お墓を選ぶ

近年は少子高齢化により、お墓の継承が難しくなったり、認識の変化により代々のお墓（家墓）を継承したくないという人も増えています。時代のニーズに合わせて様々なお墓が作られていますので、家墓への納骨だけにこだわらず、いろいろ検討してみてもよいかもしれません。

しかし、お墓は誰か１人の意思だけで決められるものではありません。故人の意思を尊重することはもちろん大切ですが、**トラブルのもとになりやすい**ので、まわりの人たちと十分話し合いながら決めましょう。

個人墓・夫婦墓

個人墓は１人で入るお墓、夫婦墓は夫婦２人で入るお墓です。継承者がいない場合は、永代供養墓の契約が必要です。

共同墓

他人と一緒に入り、みんなで守っていくお墓です。安価に納骨・供養ができます。いつも誰かがお参りに来るので、花や線香が絶えません。

納骨堂

納骨堂は遺骨の管理を専門に行う施設で、墓石の購入や管理が不要なので、比較的安価です。街中にあることが多く、お参りにも便利です。

自宅供養（手元供養）

遺骨（一部またはすべて）を自宅で安置する供養の形です。遺骨（遺灰）を入れることができるアクセサリーなどもあります。

樹木墓（樹木葬）

墓石の代わりに木を植えて、墓標とするものです。環境への負担が少ない、お墓の継承者がいなくてもよいなどのメリットがあります。

散骨

遺骨を細かく砕き、海や山などに還《かえ》す供養の形で、自然葬ともいわれます。

2

14日以内に行うこと

2週間程度が期限となっている
保険や年金などの手続きについて
わかりやすく解説します。

2-1 保険証の返却を行う

健康保険などの資格は**亡くなった日の翌日**に喪失するため、それぞれ返却の手続きを行う必要があります。

健康保険に加入していた場合（会社員など）

会社員の方が亡くなった場合、勤め先に健康保険証を返却します（必要な手続きは、基本的にすべて勤め先が行います）。

なお、故人が世帯主であった場合には、以下のいずれかの手続きを行います。❷には加入の要件がありますので、各保険組合などに問い合わせてください。

❶国民健康保険への加入

14日以内に市区町村窓口などへ

❷任意継続被保険者資格取得の申請

20日以内に各協会けんぽ・健康保険組合へ

❸故人以外の家族の健康保険の被扶養者になる

新たな世帯主の勤め先に相談してください

いつまでに

- すみやかに

※協会けんぽは5日以内（死亡日を含める）

どこへ

- 故人の勤め先

誰が

- 残された家族

※未成年者に関しては法定代理人

何を持っていく

- 故人の健康保険証
- 故人の勤め先が求めるもの（死亡退職届や社員証など）

国民健康保険に加入していた場合（自営業者など）

会社員以外の方（退職されている方や自営業者など）が亡くなった場合、市区町村窓口に健康保険証を返却します。その際、「国民健康保険被保険者資格喪失届」を併せて提出します。

また、亡くなった方が世帯主で、家族が扶養家族として国民健康保険に加入していた場合は、**世帯主を書き換えた**新しい健康保険証を発行してもらいます。

故人の被扶養者についても、被保険者の資格は故人が亡くなった日の翌日に喪失していますので、手続きを忘れないようにしてください。

自治体によってはウェブサイトから申請に必要な書類をダウンロードできる場合もあるので、一度確認してみてもいいかもしれません。

いつまでに

- 14 日以内（死亡日を含める）

どこへ

- 市区町村窓口（故人の住所地）

誰が

- 残された家族

※未成年者に関しては法定代理人

何を持っていく

- 「国民健康保険被保険者資格喪失届」
  （→ P20）
- 健康保険証
  ※故人が世帯主の場合は、加入者全員分
- 死亡診断書のコピーなど
  （死亡を証明するもの）
- 故人のマイナンバーがわかるもの
- 運転免許証など
  （届出人の身分が確認できるもの）
- 届出人の印鑑（朱肉を使用するもの）

国民健康保険被保険者資格喪失届

第3号様式(第4条関係)

国民健康保険被保険者資格喪失届		喪失区分	全喪 一部（○）
被保険者証記号番号	12345678	資格喪失年月日	平成　年　月　日
資格喪失の理由	①社保加入　②転出　③死亡（○）　④生保開始　⑤その他		

		氏名 個人番号	性別	世帯主との続柄	生年月日
被保険者	1	利部　弘人 123456789012	男（○）・女	本人	T・S（○）・H 26・9・16
	2	利部　信子 234567890123	男・女（○）	妻	T・S（○）・H 28・4・10
	3	利部　香織 345678901234	男・女（○）	子	T・S（○）・H 49・10・22
	4		男・女		T・S・H ・　・
	5		男・女		T・S・H ・　・
	6		男・女		T・S・H ・　・
	7		男・女		T・S・H ・　・
	8		男・女		T・S・H ・　・

マイナンバーを記入します

振込先金融機関名	名古　銀行（○）・信用金庫・農協　名古　支店（○）・出張所	口座番号	普（○）・当　1234567
口座名義人氏名	(ふりがな)　りべ　かおり 利部　香織		

上記のとおり届けます。国民健康保険税に還付金が発生する場合は、上記の口座に振込んでください。

平成 29 年 11 月 20 日

住　所　清須市 栄町8丁目4番5号

世帯主　氏　名 利部　香織　印

個人番号 345678901234

清須市長　　様　　電　話 052-000-0000

＜確認事項＞

他保加入日より届出が14日を超えた場合は裏面も記載してください。

1．電算入力内容確認【 □ 異動日、□ 異動事由、□ 喪失者 】

2．被保険者証の回収【済・未回収（理由：　　　　　　　　　　）】

3．高齢受給者証回収【済・非該当・未回収（理由：　　　　　　　　　　）】

4．納税通知書（試算）【済・未発行（理由：　　　　　　　　　　）】

5．仮精算後納付書の発行【済・未発行（理由：　　　　　　　　　　）】

6．その他連絡事項 ....

受付者名 ＿＿＿＿＿＿＿　確認者名 ＿＿＿＿＿＿＿

出典：清須市

後期高齢者医療制度に加入していた場合（75歳以上など）

故人が75歳以上の場合、もしくは65歳以上で一定の障害がある場合は、限度額適用・標準負担額減額認定証と特定疾病療養受療証を、市区町村窓口に提出します（申請書は特に必要ありません）。なお、葬儀を行うと**葬祭費が支給**される（5-1参照）ので、申請書を併せて提出しましょう。

なお、介護保険サービスを受けている方が亡くなった場合は、介護保険証の返却と併せて「介護保険資格取得・異動・喪失届」を市区町村窓口に提出します。

介護保険料を納めすぎていた場合は還付されますが、不足している場合は足りない分を納付する必要があります。

身体障害者手帳などの交付を受けている場合も、市区町村窓口に返却します。

いつまでに

- 14日以内（死亡日を含める）

どこへ

- 市区町村窓口（故人の住所地）

誰が

- 残された家族や相続人など

何を持っていく

- 「後期高齢者医療葬祭費支給申請書」など（→ P22）
- 限度額適用・標準負担額減額認定証
- 特定疾病療養受療証
- 故人の健康保険証
- 死亡診断書のコピーなど（死亡を証明するもの）
- 故人のマイナンバーがわかるもの
- 運転免許証など（届出人の身分が確認できるもの）
- 届出人の印鑑（朱肉を使用するもの）

※介護保険サービスを受けている方は、「介護保険資格取得・異動・喪失届」と介護保険証が必要です

後期高齢者医療葬祭費支給申請書

様式第22 号

後 期 高 齢 者 医 療
葬 祭 費 支 給 申 請 書

受付日　　　　　　年　　月　　日
決定日　　　　　　年　　月　　日

保険者番号	

被保険者番号	12345678
支給申請金額	50000 －

死亡者の氏名		利 部　実
死亡者の生年月日		昭和6 年 12 月 23 日
死亡年月日		平成29 年 4 月 21 日
その他		
葬祭執行者	葬 祭 日	平成29 年 4 月 24 日
	住　所	大阪府大阪市阿倍野区栄1丁目1番1号リベラルハイツ201号室
	氏　名	利 部　新 一
	連 絡 先	06-0000-0000

該当するものに○をつけてください。該当するものがない場合は（）内に記載してください。網掛けの中は記載不要です。

振込先	名古　銀行（○）・信用金庫・信用組合・協同組合（　　）	名古　本店・支店（○）（　　）	預金種別	普通（○）・当座（　　）
口座番号等 左詰記載して下さい	1234567			
口座名義人（カタカナ）	リベ シンイチ			

口座名義人はカタカナで上段より左づめで記入してください。濁点・半濁点は1字として、姓と名の間は1字あけてください。

上記のとおり申請します。　　29 年 7 月 3 日
大阪府後期高齢者医療広域連合長　宛
申請者　郵便番号 545-0000　住　所 大阪府大阪市阿倍野区栄1丁目1番1号　リベラルハイツ201号室
氏　名 利 部　新 一　㊞
死亡者との続柄 長男　電話番号 06-0000-0000

委任状欄	
	年　月　日　（口座名義人） 上記葬祭費の受領に関する一切の権限を＿＿＿＿＿＿＿＿に委任します。 委任者（申請者）　住　所 氏　名　　　　　　　　　　　　㊞

出典：大阪府後期高齢者医療広域連合

2-2 年金の受給を停止する

日本に住む 20 歳以上 60 歳未満のすべての国民は、**国民年金**に加入しています。会社員や公務員であれば、国民年金の他に**厚生年金**にも加入しています。まずは年金手帳などをもとに、故人の年金の種類を確認してみましょう。

※公務員などが加入する共済年金は、2015 年 10 月に厚生年金に統一されました

年金を受け取っていた方が亡くなった場合は、年金受給を停止する必要があります。厚生年金の場合は **10 日以内**に、国民年金の場合は **14 日以内**に行います。

年金事務所や年金相談センターに「年金受給権者死亡届（報告書）」を提出しますが、日本年金機構にマイナンバーの届け出をされていれば提出を省略できます。

いつまでに

厚生年金に加入していた場合
- 10 日以内（死亡日を含める）

国民年金に加入していた場合
- 14 日以内（死亡日を含める）

どこへ

- 年金事務所
- 年金相談センター

誰が

- 故人と生計を同じくしていた人

何を持っていく

- 「年金受給権者死亡届（報告書）」（→ P24）
- 年金証書
- 死亡診断書のコピーなど
  （死亡を証明するもの）

年金受給権者死亡届（報告書）

様式第５１５号

届書コード	処理区分コード	
8501		届書

国民年金・厚生年金保険・船員保険・共済年金

年金受給権者死亡届(報告書)

死亡した受給権者			
❶ 年金証書の基礎年金番号および年金コード	基礎年金番号	年金コード（複数請求する場合は右の欄に記入）	
	9999123456	1150	
❷ 生年月日	明治・大正・昭和・平成	08年11月13日	
㋐（フリガナ）	リベ	シゲル	
氏名	(氏) 利部	(名) 茂	
❸ 死亡した年月日	昭和・平成	29年07月29日	送信

届出者				
❹（フリガナ）	リベ	トモコ	❺続柄	※続柄
氏名	(氏) 利部	(名) 友子 ㊞	妻	
※❻未支給 有 無	❼郵便番号 102-0000	㋑電話番号 090-0000-0000		
❽（フリガナ）	※住所コード	チヨダ　サカエマチ		
住所		千代田 市区町村 栄町４－１－６		送信

◎　未支給の年金・保険給付を請求できない方は、死亡届（報告書）のみ記入してください。

◎　死亡届のみを提出される方の添付書類

1．死亡した受給権者の死亡の事実を明らかにすることができる書類
（個人番号（マイナンバー）が収録されている方については不要です）

- ・住民票除票（コピー不可）
- ・戸籍抄本
- ・死亡診断書（コピー可）　　などのうち、いずれかの書類

2．死亡した受給権者の年金証書
年金証書を添付できない方は、その事由について以下の項目に○印を記入してください。

（事由）

ア、　廃棄しました。　（　　年　　月　　日）
イ、　見つかりませんでした。今後見つけた場合は必ず廃棄します。
ウ、　その他（　　　　　　　　　　　　）

年金証書を添付できない場合は〇印を

㋕ 備考	

平成29年8月9日　提出

年金事務所記入欄	
※遺族給付同時請求	有（上・外）・無
※未支給請求	有・無

市区町村受付年月日

実施機関等受付年月日

1704 1018 027　(29.4)

4

出典：日本年金機構

2-3 未支給の年金を受給する

故人に支払いを受けるべき年金がある場合、生計を同じくしていた（例：一緒に暮らしていたなど）遺族は「未支給【年金・保険給付】請求書」を提出することで、亡くなった月の分まで受給することができます。

未支給年金の支払い請求には、❶配偶者、❷子、❸父母、❹孫、❺祖父母、❻兄弟姉妹、❼その他の３親等の者（曾《ひ》孫や甥姪など）という優先順位があり、自分より優先順位が高い人がいる場合には請求権がありません。

なお、権利があるにもかかわらず受け取っていない年金も受給することができますが、**５年を過ぎると時効**となってしまうため気をつけましょう。

ポイント！

ネット銀行（インターネット上ですべての取引を行い、実店舗を持たない銀行）の口座では、受け取りができない場合があるので、注意しましょう。

いつまでに

- すみやかに

※時効は５年（死亡日を含めない）

どこへ

- 年金事務所
- 年金相談センター

誰が

- 故人と生計を同じくしていた人

何を持っていく

- 「未支給【年金・保険給付】請求書」（→ P26）
- 年金証書
- 住民票など（故人と請求者が生計を同じくしていたことがわかるもの）
- 金融機関の通帳など（コピーでも可）

※故人と請求者が別世帯の場合は、別途「生計同一についての別紙の様式」が必要です

未支給【年金・保険給付】請求書

様式第５１４号

二次元コード

国民年金・厚生年金保険・船員保険・共済年金
未支給【年金・保険給付】請求書

45	46	48

◎「記入上の注意」などをよく読んでから記入してください。
◎年金証書の基礎年金番号・年金コードが不明なときは、年金事務所の窓口でご相談ください。
◎「※」印欄は、記入しないでください。

死亡された方 → **死亡した受給権者**

❶ 年金証書の基礎年金番号および年金コード	基礎年金番号	9999123456	
	年金コード（複数請求する場合は右の欄に記入）	1150	
❷ 生年月日	明治・大正・(昭和)・平成	13 年 05 月 21 日	
㋐ （フリガナ）	リベ	キヨシ	
氏名	(氏) 利部	(名) 清	
❸ 死亡した年月日	昭和・(平成)	29 年 06 月 12 日	

死亡した方が共済組合等で支給する共済年金を受けている場合で、併せて未支給年金（未済の給付）の請求を行う場合は、右欄に☑を行ってください。 ☑

請求される方 → **請求者**

❹ （フリガナ）	リベ	ミヨコ	❺ 続柄	※続柄
氏名	(氏) 利部	(名) 美代子 ㊞	妻	
❼ 郵便番号	060－0000	㋑ 電話番号	011 － 000 －0000	
❽ （フリガナ）	※住所コード	チュウオウ	サカエマチ	
住所		中央 市区町村	栄町４－10 リベラルマンション101	

㋒ 年金受取機関	（フリガナ）	リベ ミヨコ
(1.) 金融機関（ゆうちょ銀行を除く） 2．ゆうちょ銀行（郵便局）	口座名義人 氏名	利部 美代子

年金送金先

金融機関	金融機関コード ※	支店コード ※	（フリガナ）ナゴ 名古 (銀行)・金庫・信組・農協・信連・信漁連・漁協	（フリガナ）ナゴ 名古 本店・(支店)・出張所・本所・支所	預金種別 (1. 普通) 2. 当座	口座番号（左詰めで記入） 1234567
ゆうちょ銀行	貯金通帳の口座番号 記号（左詰めで記入） －	番号（右詰めで記入）	金融機関またはゆうちょ銀行の証明 ※ 請求者の氏名フリガナと口座名義人氏名フリガナが同じであることを確認してください。 名古銀行			
	支払局コード ※					

㋓ 受給権者の死亡当時、受給権者と生計を同じくしていた次のような人がいましたか。

配偶者	子	父母	孫	祖父母	兄弟姉妹	その他３親等内の親族
(いる)・いない	いる・(いない)	いる・(いない)	いる・(いない)	いる・(いない)	いる・(いない)	いる・(いない)

㋔ 死亡した方が三共済（ＪＲ、ＮＴＴ、ＪＴ）・農林共済年金に関する共済年金を受けていた場合に記入してください。
死亡者からみて、あなたは相続人ですか。
（相続人の場合には、続柄についても記入してください。）　はい・いいえ（続柄　　）

㋕ 備考

別世帯の方で、配偶者または子が請求される方 →

㋖ 別世帯となっていることについての理由書
（請求者が配偶者または子の場合であって、住民票上世帯を別にしているが、住所が住民票上同一であるとき）
上記の請求者は、受給権者の死亡当時、次の理由により住民票上世帯を別にしていたが、その者と生計を同じくしていたことを申立します。（該当の理由に○印をつけてください）

請求者氏名　　㊞

理由　1．同じ住所に二世帯で住んでいたため。
　　　2．その他

死亡した受給権者と請求者の住所が住民票上異なっているが、生計を同じくしていた場合は「別居していることについての理由書」などが必要となります。（用紙は「ねんきんダイヤル」またはお近くの年金事務所などに問い合わせしてください）

詳しくは１ページの未支給【年金・保険給付】請求書の「この請求書に添えなければならない書類」をご覧ください。

平成 29 年 8 月 9 日 提出

市区町村受付年月日

実施機関等受付年月日

年金事務所記入欄	
※遺族給付同時請求	有（上・外）・無
※死亡届の添付	有・無

1704 1018 027 (29.4)

3

金融機関の証明が必要となる場合があります

必要に応じて記入します

出典：日本年金機構

2-4　遺族年金を請求する

配偶者（妻や夫）や親が亡くなった時に、残された者が生計を維持するために受け取ることができるのが遺族年金です。**生計を維持**されていた（例：故人の収入で暮らしていたなど）もしくは**生計を同じく**していた（例：一緒に暮らしていたなど）が受給の前提となりますが、他にもいくつかの要件があります。

遺族年金には遺族基礎年金と遺族厚生年金があり、どちらか一方もしくは両方を受け取ることができます。受給要件に該当しない方でも、寡婦《かふ》年金か死亡一時金のどちらかを受け取ることができる場合があります。

ポイント!

遺族厚生年金には**中高齢寡婦《かふ》加算**や**経過的寡婦加算**というプラスで支給される給付があります。細かな要件がありますので、管轄の年金事務所に問い合わせをしてみましょう。

遺族基礎年金を請求する

故人によって生計を維持されていた**子のいる配偶者**または**子**が、受け取ることができます。ただし、結婚していないことに加えて、子は次の❶または❷のいずれかに該当する必要があります。

❶ 18 歳以下（18 歳になった年度の 3 月 31 日を経過していない者）
※故人の死亡当時に胎児であった子も、出生以降に対象となります

❷ 20 歳未満で、障害等級 1 級または 2 級の障害状態にある

手続きの詳細については、P28 を参照してください。

遺族厚生年金を請求する

厚生年金に加入している（加入していた）故人によって生計を維持されていた、優先順位が高いいずれかの**遺族**（❶妻・子・夫、❷父母、❸孫、❹祖父母）が受け取ることができます。受給要件や時期などは以下のようになります。

妻

30歳未満で子がいない場合、受給期間は5年間

子・孫

結婚していないことに加えて、18歳以下（18歳になった年度の3月31日を経過していない者）、もしくは20歳未満で、障害等級1級または2級の障害状態にある者

夫・父母・祖父母（いずれも55歳以上）

支給開始は60歳から。夫は遺族基礎年金を受給している場合、60歳前でも遺族厚生年金を併せて受給可

いつまでに

- すみやかに

※時効は5年（死亡日を含めない）

どこへ

- 年金事務所
- 年金相談センター

誰が

- 受給要件を満たす方

何を持っていく

- 「年金請求書（国民年金遺族基礎年金）」
  ※遺族基礎年金の場合
- 「年金請求書（国民年金・厚生年金保険遺族給付）」※遺族厚生年金の場合
- 年金手帳
- 死亡診断書のコピーなど(死亡を証明するもの)
- 戸籍謄本
- 住民票（世帯全員）
- 故人の住民票の除票
  ※住民票に含まれている場合は不要
- 在学証明書または学生証
  ※義務教育終了前は不要
- 所得証明書など
  (請求者の収入が確認できるもの)
- 金融機関の通帳など（コピーでも可）
- 印鑑（朱肉を使用するもの）

※上記以外のものが必要となる場合があります

寡婦年金を請求する

第1号被保険者として国民年金の保険料を10年以上納めた故人（夫）によって、生計を維持されていた**65歳未満の妻**（継続した婚姻期間が10年以上）が受け取ることができます。ただし、次の場合は請求することができません。

- 故人が「障害基礎年金の受給権者」または「老齢基礎年金を受給したことがある」
- 妻が老人基礎年金を繰上げで受給している
- 故人と妻との婚姻関係が10年未満
- 妻が受給年齢（60～64歳）の要件を満たしていない

なお、死亡一時金（→ P33）の受給要件も同時に満たす場合は、どちらを受け取るかを選択することになります。

いつまでに

- すみやかに

※時効は5年（死亡日を含めない）

どこへ

- 年金事務所
- 年金相談センター

誰が

- 受給要件を満たす方

何を持っていく

- 「年金請求書（国民年金寡婦年金）」（→ P30）
- 年金手帳
- 年金証書（受給している場合）
- 戸籍謄本
- 住民票（世帯全員）
- 故人の住民票の除票
  ※住民票に含まれている場合は不要
- 所得証明書など
  （請求者の収入が確認できるもの）
- 金融機関の通帳など（コピーでも可）
- 印鑑（朱肉を使用するもの）

※上記以外のものが必要となる場合があります

年金請求書（国民年金寡婦年金）

年金請求書（国民年金寡婦年金）

様式第109号

届書コード			
7	4	1	届書

年金コード			
5	9	5	

二次元コード

○□のなかに必要事項を記入してください。
（◆印欄には、なにも記入しないでください。）
○フリガナはカタカナで記入してください。
○請求者が自ら署名する場合には、押印は不要です。

※基礎年金番号が交付されていない方は、❶、❸の「基礎年金番号」欄は記入の必要はありません。

死亡した方（夫）	❶基礎年金番号	9999123456
	❷生年月日	明1・大3・㊇5・平7　30年04月22日
	氏名（フリガナ）	リベ　マコト
	氏名	（氏）利部　（名）誠
請求者	❸基礎年金番号	8888123456
	❹生年月日	明1・大3・㊇5・平7　32年03月14日　送信
	⓫氏名（フリガナ）	リベ　カズコ
	⓫氏名	（氏）利部　（名）和子　㊞
	⓬住所の郵便番号	9502000
	⓭住所	住所コード ◆　（フリガナ）ニシ　サカエマチ　西 市㊀区 町村　栄町２－８

❼ ★市区町村 受付年月日　　年金事務所 受付年月日

❺作成原因	❻進達番号
01	
❽重無 ❾未保 ❿支保	

	※過去に加入していた年金制度の年金手帳の記号番号で、基礎年金番号と異なる記号番号があるときは、その記号番号を記入してください。			
死亡した方（夫）	厚生年金保険		国民年金	
	船員保険			

	「❸請求者の基礎年金番号」欄を記入していない方は、つぎのことにお答えください。（記入した方は、回答の必要はありません。） 過去に厚生年金保険、国民年金または船員保険に加入したことがありますか。○で囲んでください。　ある　ない 「ある」と答えた方は、加入していた制度の年金手帳の記号番号を記入してください。			
請求者	厚生年金保険		国民年金	
	船員保険			

⓮年金受取機関	
1. 金融機関（ゆうちょ銀行を除く） ②. ゆうちょ銀行（郵便局）	（フリガナ）リベ　カズコ 口座名義人氏名　利部　和子

年金送金先					
金融機関	⓯金融機関コード ◆	⓱支店コード ◆	（フリガナ）ナゴ　名古　㊐銀行・金庫・信組・農協・信連・信漁連・漁協	（フリガナ）ナゴ　名古　本店・㊐支店・出張所・本所・支所	⓲預金種別 ①.普通 2 当座　⓳口座番号（左詰めで記入）1234567
ゆうちょ銀行	⓳貯金通帳の口座番号　記号（左詰めで記入）11960－	番号（右詰めで記入）1234561	金融機関またはゆうちょ銀行の証明 請求者の氏名フリガナと口座名義人氏名フリガナが同じであることを確認してください。 ※貯蓄口座は振込できません。 名古銀行		

⓰支店局コード ◆ 010160

※口座をお持ちでない方や口座でのお受取りが困難な事情がある方は、お受取り方法について、「ねんきんダイヤル」またはお近くの年金事務所にお問い合わせください。

連絡欄

1704 1018 002

（29.4）

金融機関の証明が必要となる場合があります

㋐あなたは、現在、公的年金制度等（表１参照）から年金を受けていますか。○で囲んでください。

1. 受けている	2. 受けていない	3. 請　求　中	制度名（共済組合名等）	年金の種類

受けていると答えた方は、下欄に必要事項を記入してください（年月日は支給を受けることになった年月日を記入してください）。

制度名（共済組合名等）	年金の種類	年　月　日	年金証書の年金コードまたは記号番号等
		・　・	
		・　・	
		・　・	

「年金の種類」とは、老齢（退職）、障害、遺族をいいます。

	年金コードまたは共済組合コード・年金種別
1	
2	
3	
	他年金種別

上　外	第三者
上・外 1・2	

受給権発生年月日	停止事由	停止期間	条文	失権事由	失権年月日
年　月　日		年　月　年　月	0 1 4 9 0 0 1 0 0		年　月　日

摘　要		㉚請求者の個人番号
		1 2 3 4 5 6 7 8 9 0 1 2

マイナンバーを記入します

時効区分		送信

★市区町村からの連絡事項	未納保険料の納付	有　昭和・平成　年　月分から 無　昭和・平成　年　月分まで	差額保険料の未納分の納付	有　昭和・平成　年　月分から 無　昭和・平成　年　月分まで
	保険料の追納	有　昭和・平成　年　月分から 無　昭和・平成　年　月分まで	検認票の添付	有・無

出典：日本年金機構

請求者の電話番号	（025）−（000）−（0000）

㋑				
必ず記入してください。	⑴ 死亡した方の生年月日　昭和30年 4月 22日	住所	新潟市西区栄町1−1−11	
	⑵ 死亡年月日	⑶ 死亡の原因である傷病または負傷の名称	⑷ 傷病または負傷の発生した日	
	平成29年　7月　19日	心不全	平成29年　7月　16日	
	⑸ 傷病または負傷の初診日	⑹ 死亡の原因である傷病または負傷の発生原因	⑺ 死亡の原因は第三者の行為によりますか。	
	年　月　日		1．はい　2．いいえ	
	⑻ 死亡の原因が第三者の行為により発生したものであるときは、その者の氏名および住所	氏名		
		住所		
	⑼ 死亡の原因は業務上ですか。	⑽ 労災保険から給付が受けられますか。	⑾ 労働基準法による遺族補償が受けられますか。	
	1．はい　2．いいえ	1．はい　2．いいえ	1．はい　2．いいえ	
	⑿ 死亡した方は国民年金に任意加入した期間について特別一時金を受けたことがありますか。		1．はい　2．いいえ	
	⒀ 死亡した方が次の年金を受けていましたか（または受給権者でしたか）。	ア．老齢基礎年金　イ．障害基礎年金（旧国民年金法による障害年金（障害福祉年金を除く）を含む）	1．はい　2．いいえ	
	⒁ 死亡一時金を受け取ることができますが寡婦年金を選択しますか。		1．はい　2．いいえ	

㋒ **生計維持証明**

生計同一関係

請求者は死亡者と生計を同じくしていたことを申し立てる。
~~（証明する。）~~

該当しない箇所は
二重線できちんと消します

平成29年7月27日
請求者 ~~（証明者）~~　住所 新潟市西区栄町1−1−11
氏名 利部　和子
（請求者との関係）　㊞

㊟ 1　この申立は、民生委員、町内会長、事業主、年金委員、家主などの第三者（第三者には、民法上の三親等内の親族は含まれません。）の証明に代えることができます。
2　この申立（証明）には、世帯全員の住民票（コピー不可）を添えてください。
3　請求者が申立てを行う際に自ら署名する場合は、請求者の押印は不要です。

収入関係				
	1．この年金を請求する方は次に答えてください。		※確認印	＊年金事務所の確認事項
	年収は、850万円未満(※)ですか。	はい・いいえ		ア．健保等被扶養者（第三号被保険者） イ．加算額または加給年金額対象者 ウ．国民年金保険料免除世帯 エ．源泉徴収票・非課税証明等
	2．上記1で「いいえ」と答えた方で、収入がこの年金の受給権発生当時以降おおむね5年以内に850万円未満(※)となる見込みがありますか。	はい・いいえ		

平成29年7月27日提出

（※）平成6年11月8日までに受給権が発生した方は「600万円未満」となります。

出典：日本年金機構

死亡一時金を請求する

第１号被保険者として国民年金の保険料を36か月以上納めた故人と生計を同じくしていた、優先順位が高いいずれかの**遺族**（❶配偶者、❷子、❸父母、❹孫、❺祖父母、❻兄弟姉妹）が受け取ることができます。ただし、次に該当する場合は請求することができません。

- 故人が「障害基礎年金の受給権者」または「老齢基礎年金を受給したことがある」

保険料を納めていた期間により、受け取ることができる金額は異なります。また、申告期限が2年と遺族年金などに比べて短いので、申告忘れに注意しましょう。

なお、寡《か》婦《ふ》年金（→ P29）の受給要件も同時に満たす場合は、どちらを受け取るかを選択することになります。

いつまでに

- すみやかに

※時効は２年（死亡日を含めない）

どこへ

- 年金事務所
- 年金相談センター

誰が

- 受給要件を満たす方

何を持っていく

- 「国民年金死亡一時金請求書」（→ P34）
- 年金手帳
- 戸籍謄本
- 住民票（故人と請求者）
- 金融機関の通帳など（コピーでも可）
- 印鑑（朱肉を使用するもの）

※上記以外のものが必要となる場合があります

国民年金死亡一時金請求書

国民年金死亡一時金支給決定決議書・決定伺

起案年月日	決議年月日	事務センター長 所長	副事務センター長 副所長	グループ長 課長	担当者
平成　年　月　日	平成　年　月　日				

下記のとおり裁定してよろしいか。また決裁後は通知書を送付してよろしいか。

				支給決定額
被保険者期間			月	
第1号被保険者期間の保険料納付状況	納付済期間	定額納付月数	月	
		4分の1免除月数	(　× 3/4) 月	
		半額免除月数	(　× 1/2) 月	
		4分の3免除月数	(　× 1/4) 月	
	付加納付月数		月	
	免除月数		月	円
却下事由				

国民年金死亡一時金請求書

死亡者		
基礎年金番号	9999123456	
基礎年金番号以外の年金手帳番号		
(フリガナ)	リ ベ　マサル	
氏名	利部　勝	
生年月日	大正・(昭和)・平成 31 年 5 月 22 日	
死亡年月日	平成 29 年 10 月 8 日	
住所	福岡市博多区栄町９－13	

請求者	
(フリガナ)	リ ベ　アケ ミ
氏名	利部　明美　㊞
生年月日	大正・(昭和)・平成 33 年 1 月 13 日
死亡者との続柄	妻
住所	〒 812-0000 福岡市博多区栄町９－13　電話番号（ 092 ） 000 － 0000

年金受取機関	
(1) 金融機関（ゆうちょ銀行を除く） 2. ゆうちょ銀行（郵便局）	(フリガナ) リ ベ　アケ ミ 口座名義人氏名　利部　明美

年金送金先		
金融機関	☆金融機関コード	◆
	支店コード	◆
	(フリガナ) ナ ゴ	名古　(銀行)・金庫・信組・農協・信連・信漁連・漁協
	(フリガナ) ナ ゴ	名古　本店・(支店)・出張所・本所・支所
	預金種別	(1. 普通)・2. 当座
	口座番号（左詰めで記入）	1234567
ゆうちょ銀行	貯金通帳の口座番号　記号（左詰めで記入）	－
	番号（右詰めで記入）	

☆ 金融機関またはゆうちょ銀行の証明

請求者の氏名フリガナと口座名義人氏名フリガナが同じであることを確認してください。
※貯蓄口座は振込できません

名古銀行

金融機関の証明が必要となる場合があります

支払局コード ◆0 1 0 1 6 0

※口座をお持ちでない方や口座でのお受取りが困難な事情がある方は、お受取り方法について、「ねんきんダイヤル」又はお近くの年金事務所にお問い合わせください。

先順位者の有無	配偶者	子	父母	孫	祖父母	兄弟姉妹
死亡の当時、死亡者と生計を同じくしていた人がいましたか。	(有)・無	有・(無)	有・(無)	有・(無)	有・(無)	有・(無)

他の同順位者	氏名	性別	続柄	生年月日	住所	請求の有無
		男・女		・　・		有・無
		男・女		・　・		有・無

寡婦年金との調整	
	ア. 寡婦年金を受けることができるが死亡一時金を選択する。 (イ) 寡婦年金を受けることができない。

平成 29 年 8 月 9 日

年金事務所長あて

二次元コード

市区町村　受付年月日

年金事務所　受付年月日

1610 1018 048

出典：日本年金機構

2-5 世帯主を変更する

世帯主が亡くなり、残された者（15 歳以上の世帯員）が複数人いる場合は、世帯主変更手続きを行う必要があります。

新たに世帯主となる方または世帯員、または代理人（委任状が必要）が申請書（「世帯主変更届」「住民異動届」など地域によって異なります）を市区町村窓口に提出します。

なお、残された 15 歳以上の者が複数人いない場合は、その方が**自動的に世帯主となる**ため、手続きの必要はありません。

例

故人（42歳）　妻（39歳）

子（16歳）　子（15歳）

手続きが必要

15歳以上の世帯員が複数人いるので、新たな世帯主が決まりません。

例

故人（31歳）　妻（34歳）

子（10歳）

手続きは不要

15 歳以上の世帯員は妻 1 人なので、自動的に妻が新たな世帯主となります。

いつまでに

- 14 日以内（死亡日を含む）

どこへ

- 市区町村窓口（故人の住所地）

※新たな世帯主か世帯員が届け出る必要がありますが、代理人でも可（委任状が必要）

誰が

- 新たに世帯主になる方など

何を持っていく

- 申請書（「世帯主変更届」「住民異動届」など地域によって異なる）（→ P36）
- 運転免許証など（届出人の身分が確認できるもの）
- 印鑑（朱肉を使用するもの）

住民異動届

（宛先）岡　崎　市　長　　　　住　民　異　動

太枠の中だけ黒色で丁寧に書いてください。→届出人本人を含む、異動する人全員を記入してください。

別世帯の代理人による届出の場合、委任状及び頼んだ人・窓口に来た人双方の本人確認書類をお持ちください。

異動	新	全・一	1. 転
	旧	全・一	3. 転
			5. 削

届出人　☑本人　□世帯主　□（法定・任意）代理人

氏　名　利部　由美　　印

TEL　（　090　）0000　－　0000

（本人以外が届出の場合記入）　住　所　□（新・前）住所に同じ

（本人以外）　生年月日　明 大 昭 平 西暦　年　月

異動日	平成 29 年 7 月 1 日	届出日	平成 29 年 7 月 1 日

新住所　岡崎市栄町３丁目21番４号

（アパート名・部屋番号等）メゾンリベラル204

新世帯主フリガナ　リベ

新世帯主氏名　利部

前住所

（アパート名・部屋番号等）

前世帯主氏名　利部

本　籍　（日本人のみ）　□新住所に同じ　□前住所に同じ

筆頭者氏名

備　考

□署名用電子証明書失効案内済
□継続利用案内済
□特例転出案内済

	異動者全員の氏名・フリガナ	生年月日・住民票コード	性	続柄	印	
1 □	利部《リベ》　由美《ユミ》	明 大 ㊐昭 平 西暦 54 年 2 月 10 日	男・㊛女	主	回・未	持参・未持・無
2 □	利部《リベ》　翔《ショウ》	明 大 昭 ㊐平 西暦 11 年 7 月 7 日	㊚男・女	子	回・未	持参・未持・無
3 □	利部《リベ》　三久《ミク》	明 大 昭 ㊐平 西暦 16 年 12 月 4 日	男・㊛女	子	回・未	持参・未持・無
4 □		明 大 昭 平 西暦　年　月　日	男・女		回・未	持参・未持・無
5 □		明 大 昭 平 西暦　年　月　日	男・女		回・未	持参・未持・無

受付	入力	照合	本籍	住・個カード	通知カード	在留カード	国保	年金

届出本人確認欄　免　個　保（　診察券

※個人番号は記入しないでください。

居 正 載	7. 世帯変更 分離・合併 変更・主変	8. 法30条46 9. 法30条47	□特例転入 □特例転出	世帯番号	新 旧

同一世帯
オンライン
住基ネット

ユミ
由美
総

国民健康保険

保険証	回収（　　　）	郵送交付	口座取消届	□社保確認済
	未収（　　　）	窓口交付	有・無	□健保確認済

取得（全・一）	喪失（全・一）	変更	申請
1. 転入 2. 出生 3. 社保離脱 4. 生保廃止 5. 退職被保（本・扶） 6. 国組離脱 7. 後期離脱 8. その他	1. 転出 2. 死亡 3. 社保加入 4. 生保開始 5. 退職被保（本・扶） 6. 国組加入 7. 後期加入 8. その他	1. 分離 2. 合併 3. 転居（全・一） 4. 氏名 5. その他	1. 学 発行・廃止 2. 出産育児一時金 3. 葬祭費 4. 再交付 5. その他

国民年金

取得	喪失	種別変更	
1. 適用もれ 2. 20歳到達 3. 公年離脱 4. 海外転入 5. その他	1. 公年加入 2. 公年受給 3. ３号移行 4. 海外転出 5. その他	A. ３号→１号 B. １号(任)→１号(強) C. １号(強)→１号(任)	理由 1. 本人所得増 2. 配偶者公年離脱 3. 離婚 4. その他

ぐ請受付	個人番号カード申請書交付 白紙・ID付
ド案内済	個人番号カード申請 有・無
書交付	□メモ確認済

確認 □異動日 □新住所 □世帯主の住定日
□親権者 □住基ネット □住基法のみの届出（　　　）
□本籍地 □個人番号新規付番（　　　）
添付 □申述書 □委任状 □戸籍・附票 □在留CD等の写し
□宣誓書 □外国人届 □パスポートの写し □転出証明書等

	通知カード		在	国民健康保険			基礎年金番号
個 停止 変更 発行 無	持参・未持・無	送付 返納 変更	持参・未持・無	国	得喪 ・・	回未	得喪 ・・
				退	得喪 ・・	回未	―
個 停止 変更 発行 無	持参・未持・無	送付 返納 変更	持参・未持・無	国	得喪 ・・	回未	得喪 ・・
				退	得喪 ・・	回未	―
個 停止 変更 発行 無	持参・未持・無	送付 返納 変更	持参・未持・無	国	得喪 ・・	回未	得喪 ・・
				退	得喪 ・・	回未	―
個 停止 変更 発行 無	持参・未持・無	送付 返納 変更	持参・未持・無	国	得喪 ・・	回未	得喪 ・・
				退	得喪 ・・	回未	―
個 停止 変更 発行 無	持参・未持・無	送付 返納 変更	持参・未持・無	国	得喪 ・・	回未	得喪 ・・
				退	得喪 ・・	回未	―

介護保険	後期高齢	子ども医療	児童手当	就学
有・無	有・無	有・無	有・無	有・無

収受印

岡・大・東・岩・矢・六・額
第　　　　号

基B 在留 特永 身障 療育 精神 パスポート 資格認定証 官公庁職員証
年 年証 医受 生保 住基A 学生証 社員証 預通・カード（　　　）
）聞取り（　　　）通知

出典：岡崎市

3

落ち着いたら行うこと

銀行や各種サービスの解約などを
行います。
落ち着いてからでいいので
丁寧にやっていきましょう。

3-1 書類を事前に準備する

故人の戸籍や保険証などの書類は、複数の手続きで提出する必要があります。こういう書類は**事前に複数枚用意**しておけば手間がかからず、時間も節約できます。

死亡診断書（死体検案書）のコピー・死亡届の写し

亡くなった日などが明記されたもので、亡くなったことを証明する書類として様々な手続きに必要となります。提出（1-2 参照）してしまうと原本が手元に残らないため、複数枚コピーを取っておくと安心です。

なお、保険金の受け取りなどは、**コピーでは対応してもらえない**こともありますので、市区町村窓口や法務局で「死亡届の写し」を発行してもらいましょう。

通帳などのコピー

通帳やカードの口座番号・加入者名・支店名がわかる部分のコピーを用意しておくと、振込先の指定時に役立ちます。

住民票の除票の写し

亡くなった方の最後の住所を確認したり、住所変更の経緯を確認するために必要となります。市区町村窓口で発行してもらえますが、マイナンバーカードもしくは住民基本台帳カードがあれば、地域によっては**コンビニエンスストア**でも発行することができます。

ポイント！

次の書類を事前に用意しておくと、相続の様々な手続きをスムーズに進めることができます。
❶故人の出生から死亡までの戸籍、❷法定相続人全員の戸籍謄本（❶とつながっているものから最新のものまで）、❸法定相続人の印鑑証明、❹法定相続人の住民票

本書の中で２回以上必要となる書類は以下のとおりです。事前に必要数を準備しましょう。また、手続きの際は自分の身分証明書と印鑑も忘れず持ちましょう。

故人に関する書類

故人の健康保険証

- 保険証の返却（2-1）
- 葬祭費の申請（5-1）
- 高額療養費の払い戻し（5-5）

故人の住民票の除票

- 遺族年金の請求（2-4）
- 法定相続人の確認（4-3）※
- 相続に関する意思表示（4-8）※

※死亡の記載があること

死亡診断書のコピー

- 保険証の返却（2-1）
- 年金の受給停止（2-2）
- 遺族年金の請求（2-4）
- 運転免許証・パスポートの返納（3-2）
- 埋葬費・埋葬料の申請（5-2）

故人の出生から死亡までの戸籍

- 遺言書の検認（4-2）
- 相続に関する意思表示（4-8）
- 遺産分割調停（4-10）
- 不動産の相続（4-11）
- 預貯金の相続（4-12）
- 有価証券の相続（4-14）

申請者に関する書類

金融機関の通帳など（コピーでも可）

- 未支給年金の受給（2-3）
- 遺族年金の請求（2-4）
- 葬祭費の申請（5-1）
- 児童扶養手当の申請（5-4）※
- 高額療養費の払い戻し（5-5）※

※地域によって異なる

年金証書

- 年金の受給停止（2-2）
- 未支給年金の受給（2-3）
- 遺族年金の請求（2-4）

住民票

- 未支給年金の受給（2-3）
- 遺族年金の請求（2-4）※
- 埋葬費・埋葬料の申請（5-2）
- 児童扶養手当の申請（5-4）※

※世帯全員分が必要。ただし死亡一時金の場合は故人と請求者のみでよい

戸籍謄本

- 遺族年金の請求（2-4）
- 法定相続人の確認（4-3）
- 故人の預貯金の調査（4-6）
- 相続に関する意思表示（4-8）
- 普通自動車の相続（4-13）
- 遺族補償の申請（5-3）
- 児童扶養手当の申請（5-4）
- 高額療養費の払い戻し（5-5）
- 姻族関係の終了（5-8）※

※除籍謄本でも可

所得証明書

- 遺族年金の請求（2-4）※
- 児童扶養手当の申請（5-4）

※死亡一時金の場合は不要

3-2 解約や名義変更などの手続き

故人の利用していたサービスの解約や名義変更、返却などの手続きも忘れずに行いましょう。

銀行口座を解約する

故人が銀行などの口座を持っていた場合、金融機関に亡くなったことを申し出ましょう（新聞の訃報欄などで、金融機関側が把握する場合もあります）。これにより口座が凍結され、**入出金などができなくなります**。公共料金などの引き落とし先としていたのであれば、変更の手続きを行う必要があります。

なお、相続が発生する場合は別途手続きが必要となります（4-12参照）。

クレジットカードやカードローンを解約する

クレジットカードやカードローンの支払い、銀行からの借入金などがある場合、**残債の支払い**と解約手続きが必要となります。「亡くなると借金はチャラになる」という話を聞いたことがある方も多いと思いますが、それは団体信用生命保険に加入することが条件となっている住宅ローンの場合です。

なお、相続が発生する場合、支払いを了承することで後に**大きな影響を及ぼす**こともあります。3か月以内（熟慮期間内）に調べて、相続放棄などの判断をする必要があります。

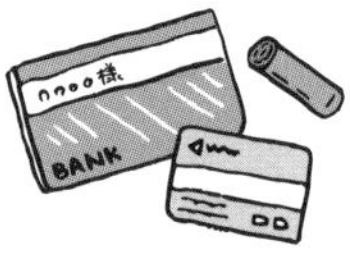

運転免許証を返納する

運転免許証に、**返納義務はありません**。更新手続きを行わなければ自動的に失効しますが、紛失や盗難などにより悪用されるケースもあるので注意しましょう。

形見として持っていたい場合は、届け出の際に申し出れば、無効化の処理（パンチで穴を開けるなど）をした上で返却してもらうこともできます。

どこへ

- 最寄りの警察署
- 運転免許センター

誰が

- 誰でも

何を持っていく

- 故人の運転免許証
- 死亡診断書のコピーなど
（死亡を証明するもの）
- 運転免許証など
（届出人の身分が確認できるもの）

マイナンバーカードなどを返納する

マイナンバーカードは、市区町村窓口に返納届を添えて返納します。ただし、**保険金受け取り**などの際にマイナンバーが必要となる場合もありますので、注意しましょう。

マイナンバーカードや住民基本台帳カード（住基カード）は、死亡届を提出すると自動的に失効となりますが、悪用を防ぐ意味でも返納手続きを行いましょう。

どこへ

- 市区町村窓口

誰が

- 誰でも

何を持っていく

- 「個人番号カード返納届」（→P44）
「住民基本台帳カード廃止・返納届」（→P45）
など
- 故人のマイナンバーカード／住基カード
- 運転免許証など
（届出人の身分が確認できるもの）

個人番号カード返納届

マイナンバーを記入します

個人番号カード返納届
電子証明書　失効申請書

倉敷市長　様

平成29年 4 月 4 日

個人番号	123456789012	生年月日 ※		性別 ※	男・女
氏名	利部　剛　㊞				
住所	倉敷市栄町5－1－10				
電話番号	086－000－0000				
返納理由	本人死亡のため				

※ 個人番号がわからない場合は、生年月日と性別を記載してください。

失効申請等について、該当するものに○を付けてください。また、失効を希望される電子証明書のシリアル番号を確認できる資料（個人番号カード、電子証明書の写し等）を本日お持ちいただいている場合にはその旨と、もしその番号をお分かりになる場合には併せてそれもご記入ください。なお、個人番号カードをお持ちいただいている場合は、失効した電子証明書及びその鍵ペアを当該個人番号カードより消去いたしますので、あらかじめご了承ください。

署名用電子証明書	シリアル番号		資料の有無	(無・有)
	① サービス利用の自発的な取り止め 2. 利用者の秘密鍵の漏えい等 （例：個人番号カードの紛失・破損・盗難・廃止、暗証番号の漏えい等）			
利用者証明用電子証明書	シリアル番号		資料の有無	(無・有)
	① サービス利用の自発的な取り止め 2. 利用者の秘密鍵の漏えい等 （例：個人番号カードの紛失・破損・盗難・廃止、暗証番号の漏えい等）			

代理人による届出の場合は、以下に記入してください。

代理人	利部　久美子　㊞	本人との関係	妻
住所	倉敷市栄町5－1－10		
電話番号	086－000－0000		

（参考）個人番号の記載がある場合は、生年月日と性別に加えて、住所の記載も省略することが可能です。

確認書類	□運転免許証 □個人番号カード □旅券 □官公署発行の身分証明書等(写真付) □健康保険証 □医療受給者証 □年金手帳 □その他(　　)
添付書類	□個人番号カード

受付サイン	統合端末	国外転出
	□ 廃止 □ 回収 □電子証明失効入力	□還付済

出典：倉敷市

住民基本台帳カード廃止・返納届

住民基本台帳カード廃止・返納届

平成29年 2 月 1 日

柏 崎 市 長　様

下記の理由により、住民基本台帳カードを（廃止・返納）します。

1　住民基本台帳カード返納対象者について記入してください。

住民票コード（１１桁）	1	2	3	4	5	6	7	8	9	0	1

（ふりがな）
氏　　名　利《り》部《べ》　達《たつ》也《や》　印　　（明・大・昭・平・西　　年　　月　　日生）　（性別　男・女）

住　　所　柏崎市栄町10－2　（電話番号　0257 － 00 － 0000 ）

返納理由

- ☐ カードの破損・機能損傷
- ☐ 紛失・焼失・盗難
- ☐ 本人希望
- ☐ 再交付
- ☐ 有効期間内の交付
- ☐ 住民票コード変更
- ☐ 国外転出
- ☑ 死亡
- ☐ 有効期間満了
- ☐ その他（　　　　　　　　　　）

※　住民票コードがわからない場合は、生年月日と性別を記載してください。

2　代理人申請の場合は、代理人について記入してください。

※　代理人申請の場合は、申請者からの委任状が必要になります。(ただし、返納理由「死亡」を除く。)

（ふりがな）
氏　　名　利《り》部《べ》　ゆかり　印　　申請者との続柄（　妻　）

住　　所　柏崎市栄町10－2　（電話番号　0257 － 00 － 0000 ）

（以下事務処理欄）

カード回収の有無　☐ 回収 → ☐ 管理簿記入
☐ 未回収（理由：☐ 紛失による　☐ その他（　　　　　　））
→ ☐ 管理簿記入

受　付	入　力	管理簿

廃棄待ちカード処理番号 ＿＿＿＿＿＿＿

出典：柏崎市

パスポートを返納する

パスポートは、原則として**返納しなければならない**と定められています。手続きは、各自治体の窓口やパスポートセンターで行います。

なお、運転免許証（→ P43）と同様、届け出の際に申し出れば、無効化の処理をした上で返却してもらうことができます。

どこへ

- 各自治体の窓口
- パスポートセンター

誰が

- 誰でも

何を持っていく

- 故人のパスポート
- 死亡診断書のコピーなど
  （死亡を証明するもの）
  ※パスポートの有効期間が切れている場合は不要
- 運転免許証など
  （届出人の身分が確認できるもの）

賃貸住宅を解約する

故人が賃貸住宅の契約者となっていた場合、故人と**同居していた家族**が権利義務を引き継ぐことができます。住み続ける場合は、賃貸契約書を持って不動産業者に相談しましょう。

入居に一定の条件がある公営住宅は、**相続の対象とならない**（住み続けることができない）という判例があります。ただし、状況によっては可能となる場合もありますので、管理者に問い合わせてみましょう。

電話回線を解約・承継する

携帯電話の解約には、手数料などの支払いが必要となることもあります。契約を引き継ぐ場合は、必要な書類を持参の上、店頭で手続きを行ってください。

固定電話は、**承継**または**解約**のいずれかを選択することができます。ウェブサイトで「加入権等承継・改称届出書」をダウンロードし、必要事項を記入の上、必要書類とともに郵送します。

4

相続に関する手続き

亡くなった方の財産を引き継ぎます。
状況によって必要な手続きが変わるので
確認しながら進めましょう。

4-1 遺言書を探す

遺産相続ではまず、**遺言書があるかどうか**を調べます。遺言書の有無によって、その後の手続きが大きく変わる場合があります。

遺言書の存在を故人から知らされていなくても、どこかに預けられている可能性がありますので、入院先や利用施設などをくまなく探してみましょう。

なお、遺言書には**自筆証書遺言**・**公正証書遺言**・**秘密証書遺言**などがあります。

自筆証書遺言

故人が手書きで残した遺言書を、自筆証書遺言といいます。正しい書式で書かれていれば、公正証書遺言と同じ効力を発揮します。自筆証書遺言は、正式な遺言書と認定するための検認（4-2 参照）が必要です。
2019 年 1 月 13 日以降、相続財産目録のみ代筆やパソコンでの作成が認められるようになり（すべてのページに署名・捺印が必要です）、2020 年 7 月には法務局での保管が可能になって、この場合検認が不要になりました。

公正証書遺言

遺言者本人が公証役場に出向き、公証人に作成してもらったものを公正証書遺言といいます。遺言書の中で、最も確実なものといえます。本人に聴覚障がいや言語障がいがあったとしても、手話や筆談で作成してもらうことができます。

秘密証書遺言

秘密証書遺言は、自筆証書遺言と同じように、内容は本人が作成します。署名・捺印した後、封入・封緘《ふうかん》。判子で封印したものを公証役場に持参し、承認してもらいます。内容を、本人以外の誰にも知られることなく秘密にすることができます。

4-2 検認手続きを行う

公正証書遺言と法務局で保管した自筆証書遺言以外の遺言書は、検認の手続きを行わなければなりません。検認により相続人は、検認の日現在の遺言書の内容（遺言書の形状、加筆・削除・訂正の状態、日付・署名など）を知ることができます。

検認は、❶家庭裁判所に遺言書を持参（検認の申立て）、❷検認期日が指定される、❸家庭裁判所に赴き検認を受ける（開封の立会い）、❹検認済み証明書の交付を受ける、という流れで進み、通常２～３か月かかります。

検認を行うことではじめて、相続に関する様々な手続きを進めることができるようになります。ただし、検認は偽造や変造を防止するための手続きであり、**遺言の内容が効力を持つか否かを判断するものではない**ため、注意が必要です。

いつまでに

- すみやかに

どこへ

- 家庭裁判所（故人の最後の住所地）

誰が

- 遺言書の保管者
- 遺言書を発見した相続人

何を持っていく

- 「家事審判申立書」（→ P50）
- 「当事者目録」（→ P52）
- 遺言書（封書の場合は封をしたまま）
- 故人の出生から死亡までの戸籍
  ※改製原戸籍や戸籍・除籍謄本
- 相続人全員の戸籍謄本

※上記以外のものが必要となる場合があります
※遺言書１通につき収入印紙 800 円分の手数料と、連絡用の郵便切手が必要となります
※検認済証明書の交付を受ける際には、遺言書１通につき 150 円分の収入印紙と申立人の印鑑が必要となります

家事審判申立書

受付印	家事審判申立書　事件名（　遺言書の検認　）
収入印紙　円 予納郵便切手　円 予納収入印紙　円	（この欄に申立手数料として１件について800円分の収入印紙を貼ってください。） 印紙　印紙 （貼った印紙に押印しないでください。） （注意）登記手数料としての収入印紙を納付する場合は，登記手数料としての収入印紙は貼らずにそのまま提出してください。

準口頭		関連事件番号　平成　年（家　）第　号

徳島　家庭裁判所 御中 平成29年3月14日	申立人 （又は法定代理人など） の記名押印	利部　哲也　㊞

添付書類	（審理のために必要な場合は，追加書類の提出をお願いすることがあります。）

申立人	本籍 （国籍）	（戸籍の添付が必要とされていない申立ての場合は，記入する必要はありません。） 徳島　都道府県（県に○）　徳島市栄町4丁目1番地
	住所	〒770－0000　電話 088（000）0000 徳島県徳島市栄町4丁目1番10号　（　方）
	連絡先	〒　－　電話　（　） （　方）
	フリガナ 氏名	利部《リベ》　哲也《テツヤ》　　大正・昭和（○）・平成 44年6月9日生（48歳）
	職業	会社員
※ 遺言者	本籍 （国籍）	（戸籍の添付が必要とされていない申立ての場合は，記入する必要はありません。） 徳島　都道府県（県に○）　徳島市栄町3丁目5番地
	最後の 住所	〒770－0000　電話 088（000）0000 徳島県徳島市栄北10丁目2番4号　（　方）
	連絡先	〒　－　電話　（　） （　方）
	フリガナ 氏名	利部《リベ》　博《ヒロシ》　　大正・昭和（○）・平成 24年11月18日生（68歳）
	職業	

（注）　太枠の中だけ記入してください。
※の部分は，申立人，法定代理人，成年被後見人となるべき者，不在者，共同相続人，被相続人等の区別を記入してください。

別表第一（1/　）

(942210)

申　立　て　の　趣　旨
遺言者の自筆証書による遺言の検認を認めます。

申　立　て　の　理　由
1　申立人は、遺言者から、平成26年3月17日に遺言書を預かり、申立人の自宅金庫に保管していました。
2　遺言者は、平成29年1月7日に死亡しましたので、遺言書（封印されている）の検認を認めます。 なお、相続人は別紙の相続人目録のとおりです。

別表第一（　/　）

出典：裁判所ウェブサイト

当事者目録

※ 相続人	本籍	徳島 都道府県 徳島市住吉５丁目２番地	
	住所	〒770－0000 徳島県徳島市住吉５丁目２番１号 リベラルマンション505号室　（　　　方）	
	フリガナ 氏名	利《リ》部《ベ》　直《ナオ》樹《キ》	大正 昭和 47年 9月 9日 生 平成 （　　45 歳）
※ 相続人	本籍	東京 都道府県 千代田区九段3丁目10番地	
	住所	〒102－0000 東京都千代田区九段3丁目10番1号 リベラルヒルズ1001号室　（　　　方）	
	フリガナ 氏名	古《コ》屋《ヤ》　理《リ》恵《エ》	大正 昭和 54年 7月 21日 生 平成 （　　38 歳）
※	本籍	都道府県	
	住所	〒　－ （　　　方）	
	フリガナ 氏名		大正 昭和　年　月　日 生 平成 （　　歳）
※	本籍	都道府県	
	住所	〒　－ （　　　方）	
	フリガナ 氏名		大正 昭和　年　月　日 生 平成 （　　歳）

(注)　太枠の中だけ記入してください。※の部分は，申立人，相手方，法定代理人，不在者，共同相続人，被相続人等の区別を記入してください

出典：裁判所ウェブサイト

4-3 法定相続人を確認する

遺言書がない場合、相続は法律で決められた人（法定相続人）に対して、法律で決められた割合（法定相続分）で行われます。配偶者（妻や夫）は必ず相続人になりますが、それ以外は相続の優先順位が決められています。

第一位 子
（亡くなっていれば孫）

第二位 直系尊属
（亡くなっていればその親）

第三位 兄弟姉妹
（亡くなっていれば甥姪）

※1：何人かいる場合は、頭数で割ります
※2：異母または異父の（半血）兄弟姉妹は、血が繋がっている（全血）兄弟姉妹の2分の1です

法定相続人を確認するためには、故人が**生まれてから亡くなるまでのすべての戸籍**（改製原戸籍や戸籍・除籍謄本）を取得して、調べる必要があります。本籍地を変更している場合は複数の市区町村で手続きを行います。

いつまでに

- すみやかに

どこへ

- 市区町村窓口

※出生から死亡まですべての戸籍を取得します

誰が

- 遺族 または 推定相続人

※推定相続人とは、現状のまま相続が発生した場合にただちに相続人になる人のことです

何を持っていく

- 「申請書」（地域によって異なる）
- 戸籍謄本など
  （申請者と故人の関係がわかるもの）
- 故人の住民票の除票
  （死亡の記載があるもの）
- 運転免許証など
  （申請者の身分が確認できるもの）

※遠方の場合は、郵送での請求も可能です
※戸籍謄本・抄本は1通あたり450円、改製原戸籍・除籍は1通あたり750円の手数料が必要となります

4-4 財産を調べる

財産を相続するためには、財産の全容を把握する必要があります。ここでモレやミスがあるとトラブルに発展する可能性もあるので、確実に行いましょう。

「財産」というと現金や土地などのイメージが強いですが、借金や未払いの税金などといったマイナスのものもあります。

プラスとマイナス、両方の財産が存在する場合、プラスの財産だけを相続することはできません。マイナスの財産が多い場合、**限定承認**するか、**相続を放棄**することもできます（4-8参照）。

相続の対象となるもの

プラスの財産

- 現金
- 預貯金
- 生命保険金
  （受取人が指名されていないもの）
- 死亡退職金
  （受取人が指名されていないもの）
- 有価証券（株式など）
- 不動産（土地・家屋など）
- 貴金属

など

マイナスの財産

- 借金
- ローン
- 公租公課（未納の税金など）
- 未払いの年会費
- 買掛金（商売を営んでいる場合）
- 敷金や預り金（土地を貸している場合）

など

相続の対象とならないもの

- 配偶者に生前贈与した自宅（婚姻期間が20年以上）
- 故人が住んでいた公営住宅
- 生命保険金（受取人が指名されているもの）
- 死亡退職金（受取人が指名されているもの）
- 未支給年金
- 香典
- 葬儀費用
- 墓地

など

4-5 不動産を調べる

土地や建物などといった不動産は、自宅に保管されている登記識別情報（12桁の英数字が書かれた書類）や登記済権利証、固定資産税の納税通知書などから手がかりを見つけます。

正確な情報を得るためには、各市区町村窓口で**名《な》寄帳《よせちょう》**を閲覧します（ただし、知ることができるのはその市区町村内の不動産のみです）。財産評価や相続税の申告で必要となりますので、名寄帳を確認した際には併せて固定資産評価証明書の申請を行っておきましょう。

次に、名寄帳の情報を持って法務局に行き、**登記事項証明書**（不動産の権利関係を確認することができる書類）を申請します。なお、インターネットで申請手続きを行うこともできます。

いつまでに

- すみやかに

どこへ

- 名寄帳の閲覧：市区町村窓口
- 登記事項証明書の申請：法務局
  ※インターネットでも手続きを行うことができます

誰が

- 相続人

何を持っていく

- 申請書（「固定資産証明申請書」「市税証明請求書」など地域によって異なる）
- 運転免許証など
  （申請者の身分が確認できるもの）

※上記以外のものが必要となる場合があります
※手数料が必要となる場合があります

4-6 預貯金を調べる

残されたカードや通帳などから金融機関の口座が故人にあることがわかった場合、残高を確認する必要があります。

まず、口座名義人が亡くなったことを金融機関に連絡します。これにより口座が凍結され、入出金などができなくなります。ただし、死亡届の提出や新聞の訃報欄などにより、自動的に口座が凍結されることもあります（→ P42）。

2019 年の法改正によって医療機関や葬儀社への支払いなどでまとまったお金が必要な場合、遺産分割前でも一定額の預貯金が引き出せるようになりました。

残高は金融機関に**残高証明書**を発行してもらうことで知ることができます。

いつまでに

- すみやかに

どこへ

- 各金融機関

誰が

- 相続人

何を持っていく

- 各種書類（「残高証明依頼書」「相続確認表」など金融機関によって異なる）
- 戸籍謄本など
（相続関係が証明できる書類）
- 相続人の実印・印鑑証明

※上記以外のものが必要となる場合があります
※戸籍謄本や印鑑証明などの発行には、手数料が必要となります

4-7 財産を評価する

故人の財産をすべて把握・確認できたら、それらの価値を査定・評価します。自動車や宝石などの動産は市場価格で判断することが多いのですが、不動産は複雑であるため、税理士や不動産鑑定士などの専門家に依頼するのが一般的です。

土地は路線価で評価するというのも１つの方法です。路線価は時価の８割ぐらいに設定されていますが、遺産分割協議（4-9参照）を行う際には相続人同士の話し合いで評価額を決めます（相続税の計算においては一定のルールが決められています）。

財産評価が完了したら、一覧表（相続財産目録）にまとめます。決められた書式はなく、法律上の作成義務もありませんが、**手続きをスムーズに進める**ために準備することをおすすめします。

次ページの例のように、項目別にまとめてそれぞれに価値が示してあれば問題ありません。相続の対象となるもの、ならないものをきちんと見極めて（4-4参照）、慎重に作成しましょう。

心配であれば行政書士や司法書士など、専門家のサポートを受けることもできます。

すぐに行うこと
14日以内に行うこと
落ち着いたら行うこと
相続に関する手続き
こんな時には？

相続財産目録（例）

財　　産　　目　　録

（土地）

番号	所　　　在	地　番	地目	面積(㎡)	備　考
1	長野県長野市栄町7丁目	2番1	宅地	500 00	建物1の敷地

（建物）

番号	所　　　在	家屋番号	種類	構　造	床面積(㎡)	備　考
1	所在：長野県長野市 栄町7丁目2番1 建物の名称：リベラルパレス	家屋番号：栄町2番1の101 建物の名称：101	居宅	軽量鉄骨造 2階建	1階部分 50 00	

（現金，預貯金，株券等）

番号	品　　　目	単位	数量（金額）	備　考
1	現金		200,000円	申立人が保管
2	名古銀行 名古支店 普通（1234567）		4,500,000円	

出典（改変）：裁判所ウェブサイト

4-8　意思表示をする

相続人は財産の相続について、意思表示をしなければなりません。相続形態には**単純承認・限定承認・相続放棄**があり、このうち１つを選びます。単純承認を選択する場合は、特に手続きは必要ありませんが、限定承認や相続放棄を選択する場合は、**相続開始を知った時から３か月以内**に、家庭裁判所に申述しなければなりません。

単純承認	限定承認	相続放棄
プラスの財産とマイナスの財産をすべて相続する。	プラスの財産の範囲内で、マイナスの財産を引き継ぐ。後から、プラスの財産以上のマイナスの財産が見つかる可能性がある場合などに利用することが多い。	あらゆる財産を一切相続しない。放棄した者の子に相続権が移る（代襲相続）ことはない。

いつまでに

- 相続開始を知った時から３か月以内

どこへ

- 家庭裁判所（故人の最後の住所地）

誰が

- 相続人

何を持っていく

- 「相続放棄申述書」（→ P60）または「相続の限定承認の申述書」
- 故人の住民票の除票
（死亡の記載があるもの）
- 故人の出生から死亡までの戸籍
※改製原戸籍や戸籍・除籍謄本
- 相続人の戸籍謄本

※上記以外のものが必要となる場合があります
※申述人１人につき収入印紙 800 円分の手数料と、連絡用の郵便切手が必要となります

相続人に判断する能力がない時は

未成年の相続人には「特別代理人」が、認知症などで判断能力が十分ではない相続人には「成年後見人等」が必要ですので、それぞれ親権者や一定の親族などが家庭裁判所で手続きを行ってください。

相続放棄申述書

受付印	相　続　放　棄　申　述　書	
	（この欄に収入印紙800円分を貼ってください。） 印紙　印紙 （貼った印紙に押印しないでください。）	
収入印紙　円		
予納郵便切手　円		

準口頭		関連事件番号　平成　年（家　）第　号

秋田　家庭裁判所 御中 平成 29 年 11 月 8 日	申述人 （未成年者などの場合は法定代理人） の記名押印	利部　陽一　㊞

添付書類	（同じ書類は1通で足ります。審理のために必要な場合は，追加書類の提出をお願いすることがあります。） ☑ 戸籍（除籍・改製原戸籍）謄本(全部事項証明書)　合計 2 通 ☑ 被相続人の住民票除票又は戸籍附票 ☐

申述人	本籍（国籍）	秋田　都 道 府 ㊎県　秋田市栄町1丁目7番地			
	住所	〒010－0000　電話 018（000）0000 秋田県秋田市栄町1丁目7番7号（　方）			
	フリガナ 氏名	利《リ》部《ベ》　陽《ヨウ》一《イチ》	大正 ㊎昭和 平成 39年6月11日生（53歳）	職業	会社員
	被相続人との関係	※ 被相続人の……… ①子　2 孫　3 配偶者　4 直系尊属（父母・祖父母） 5 兄弟姉妹　6 おいめい　7 その他（　）			
法定代理人等	※ 1 親権者 2 後見人 3	住所	〒　－　電話（　） （　方）		
		フリガナ 氏名		フリガナ 氏名	
被相続人	本籍（国籍）	秋田　都 道 府 ㊎県　秋田市住吉1丁目10番地			
	最後の住所	秋田県秋田市栄西3丁目3番5号 リベラル荘102号室		死亡当時の職業	無職
	フリガナ 氏名	利《リ》部《ベ》　昇《ノボル》		平成29年9月1日死亡	

（注）　太枠の中だけ記入してください。　※の部分は，当てはまる番号を○で囲み，被相続人との関係欄の7，法定代理人等欄の3を選んだ場合には，具体的に記入してください。

相続放棄（1/2）

(942080)

申　述　の　趣　旨
相続の放棄をする。

申　述　の　理　由	
※　相続の開始を知った日…………平成 29 年 9 月 1 日	
① 被相続人死亡の当日	3 先順位者の相続放棄を知った日
2 死亡の通知をうけた日	4 その他（　　　）

放棄の理由	相続財産の概略		
※ 1 被相続人から生前に贈与を受けている 2 生活が安定している。 3 遺産が少ない。 4 遺産を分散させたくない。 ⑤ 債務超過のため。 6 その他（　　　）	資産	農地……約 10 平方メートル 山林……約　　平方メートル 宅地……約　　平方メートル 建物……約　　平方メートル	現金 預貯金………約 200 万円 有価証券……約　　万円
	負債……………………………約 600 万円		

（注）　太枠の中だけ記入してください。　※の部分は，当てはまる番号を○で囲み，申述の理由欄の4，放棄の理由欄の6を選んだ場合には，（　　）内に具体的に記入してください。

相続放棄（2/2）

出典：裁判所ウェブサイト

4-9 遺産分割協議を行う

遺産を相続する時、遺言書がない場合は相続人全員で話し合い、分配方法を決めます。これを、**遺産分割協議**といいます。遺産分割協議は、相続人全員で行う必要があります。協議に参加しない相続人がいたり、後に相続人が出てきたりすると、無効になります。

遺産分割協議がまとまると、その内容を**遺産分割協議書**（→ P65）として記載・作成する必要があります。決められた書式は特にありませんが、モレやミスがあると法務局や銀行などで受け付けてもらえない可能性もあります。

分割方法は、主に**現物分割**・**代償分割**・**換価分割**の３つがあります。

現物分割

「土地は妻に」「預金は長男・次男に」など、遺産をそのままの形で分ける方法です。シンプルでわかりやすいというメリットがありますが、遺産それぞれの価格に差があるため、公平または法定相続分どおりに分けることは難しいというデメリットがあります。

代償分割

「妻が土地を相続する代わりに、長男・次男に100万円を支払う」など、一定の相続人が遺産を取得し、その他の相続人にお金（代償金）を支払う方法です。公平ですが、まとまったお金を用意する能力があることが前提となります。

換価分割

「土地を売り、妻に200万円、長男・次男に100万円」など、遺産を売却して得たお金を分ける方法です。公平ですが、手数料や税金が発生したり、思いどおりの金額で売却できない可能性があります。

また、遺言書の内容や遺産分割協議の結果にかかわらず、相続において優先される内容がありますので注意してください。

これらを考慮せずに相続を行おうとするとトラブルの原因となるため、事前に確認が必要です。

故人の介護に関わっていた場合

相続人とならない親族で、無償で故人の看病や介護を行っていた場合、相続人に対して金銭請求権が認められています。

これは 2019 年 7 月から施行された改正民法によって認められた権利で、例えば亡き夫の親を介護していた女性などが該当します。

故人の事業を手伝っていた場合

故人の営んでいた事業を手伝っていたり、あるいは扶養義務の範囲を超えて故人の生活を支援していた場合、**寄与分**となり、相続分が増額されます。

故人の生前に一定の財産を受け取っていた場合

故人から生前に財産の一部を受け取っていたと見なされる場合などに、その分を考慮して減額する**特別受益**という制度があります。

2019 年 7 月から施行された改正民法では、結婚 20 年以上の夫婦が自宅を生前贈与した場合、特別受益とは見なされなくなりました。

遺産の配分に明らかな偏りがある場合

故人は、遺言を残すことによって財産を自分の意思どおりに分けることができる一方で、兄弟姉妹以外の法定相続人には、遺言に左右されずに相続することができる最低限の割合が法律で決められています。これを**遺留分**といいます。

相続人：配偶者と子の場合

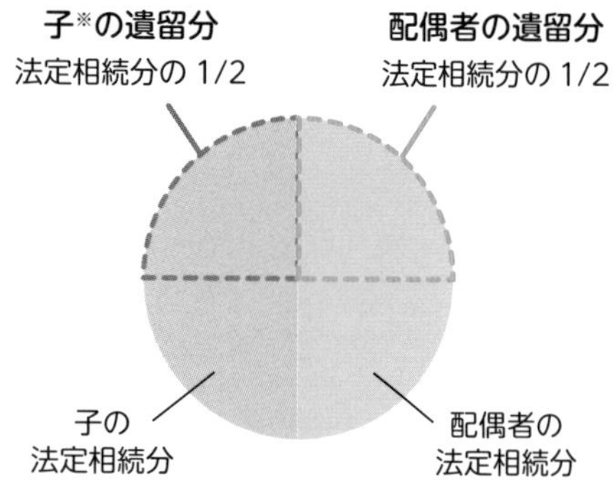

相続人：配偶者と直系尊属の場合

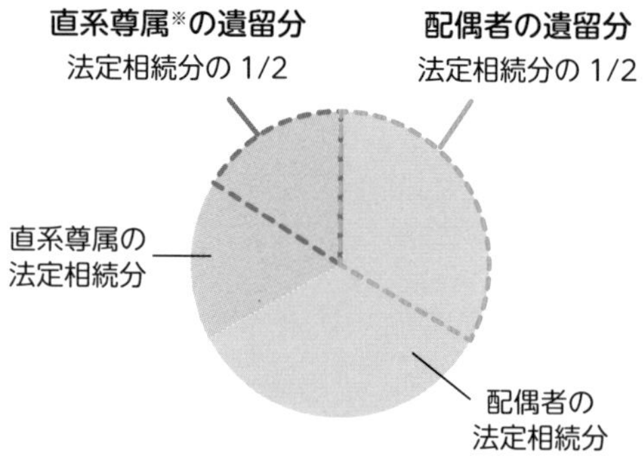

相続人：配偶者のみ・子のみの場合

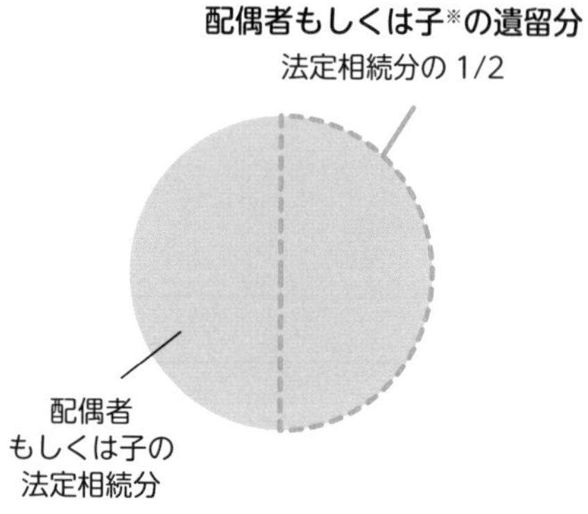

相続人：直系尊属のみの場合

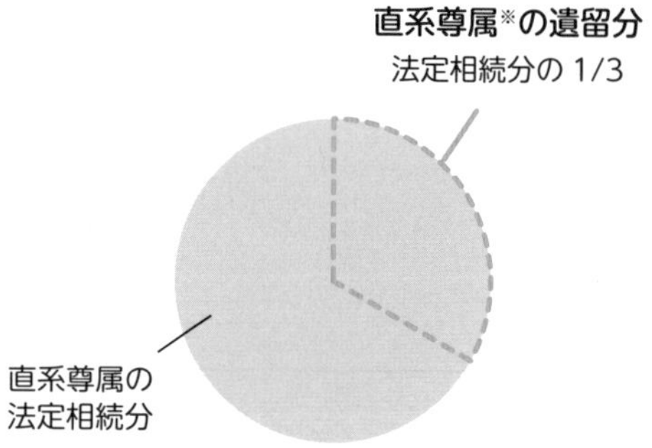

※子や直系尊属が何人かいる場合は、頭数で割ります

遺留分が正当に確保されていない場合は、「遺留分侵害額請求」をすることができます。これまでは現物での返還のみでしたが、2019 年 7 月 1 日以降は、金銭での支払いを請求できるようになりました（遺留分の金銭債権化）。

遺留分侵害額請求は非常に複雑であるため、弁護士などの専門家に依頼することをおすすめします。

なお、遺留分は家庭裁判所に申し立てることで放棄することもできますが、放棄しても他の相続人の遺留分が増えるわけではないため、注意が必要です。

遺産分割協議書（例）

遺 産 分 割 協 議 書

被相続人　利部　秀雄（大正14年5月2日）
本　　籍　宮城県仙台市青葉区栄町5丁目10番地

平成29年8月8日、上記被相続人の死亡により開始した遺産相続について、相続人（妻：利部文子、長男：利部功）である２名で遺産分割協議を行い、次のとおり遺産を分配、取得することに合意した。

1.利部文子は、次の遺産を相続する。
【土　地】所　　在　宮城県仙台市住吉5丁目
　　　　　地　　番　10番5
　　　　　地　　目　宅地
　　　　　地　　積　100.00㎡

２ページ以上になる場合は、契印が必要です（実印）

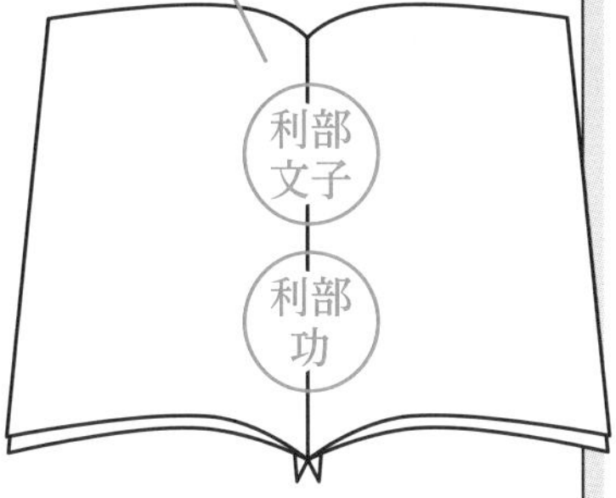

2.利部功は、次の遺産を相続する。
【現　金】￥3,000,000円
【預貯金】名古銀行　名古支店
　　　　　普通預金　口座番号1234567
　　　　　￥10,000,000円

3.本協議書に記載のない財産については、利部功がこれを取得する。

以上のとおり、相続人全員による遺産分割協議が成立したため、本協議書を２通作成し、署名・捺印のうえ、各自１通ずつ所持する。

平成29年12月1日

【相続人】
住　　所　宮城県仙台市青葉区栄町5丁目10番地
生年月日　大正14年2月19日
氏　　名　利部　文子　印

住　　所　青森県弘前市山田2丁目4番8号
生年月日　昭和25年10月25日
氏　　名　利部　功　印

実印を押します

4-10 遺産分割調停を行う

遺産分割協議で全員の合意が得られず、話し合いがつかなかった場合、**遺産分割調停**を家庭裁判所に申し立てることができます。１名の裁判官と民間から選出された２名の調停委員が、事情や希望を聴いたり、資料を精査したりした上で解決案を示すなどして、円満解決のために話し合いを行います。

合意が得られなかった場合は、自動的に**遺産分割審判**に移行し、裁判官が判断を下します。

いつまでに

- すみやかに

どこへ

- 相手方のうちの１人の住所地を管轄する家庭裁判所

誰が

- 相続人など

何を持っていく

- 「遺産分割調停申立書」(→ P67)
- 「当事者等目録」(→ P68)
- 「遺産目録」(→ P69)
- 故人の出生から死亡までの戸籍
  ※改製原戸籍や戸籍・除籍謄本
- 相続人全員の戸籍謄本・住民票
- 遺産に関する証明書
  (不動産の登記事項証明書や固定資産評価証明書など)

※上記以外のものが必要となる場合があります
※調停の申し立てには、被相続人１人につき収入印紙1200円分の収入印紙と、連絡用の郵便切手が必要となります

遺産分割調停申立書

この申立書の写しは，法律の定めるところにより，申立ての内容を知らせるため，相手方に送付されます。

受付印	**遺産分割** ☑ **調停** □ **審判** **申立書**
	（この欄に申立て１件あたり収入印紙１，２００円分を貼ってください。） 印紙　印紙 （貼った印紙に押印しないでください。）
収入印紙　　円	
予納郵便切手　　円	

鹿児島　家庭裁判所 御中 平成 29 年 4 月 30 日	申立人（又は法定代理人など）の記名押印	利部　美香　㊞

添付書類	（審理のために必要な場合は，追加書類の提出をお願いすることがあります。） ☑ 戸籍（除籍・改製原戸籍）謄本（全部事項証明書）合計 1 通 □ 住民票又は戸籍附票　合計　通　□ 不動産登記事項証明書　合計　通 ☑ 固定資産評価証明書　合計 1 通　☑ 預貯金通帳写し又は残高証明書　合計 1 通 □ 有価証券写し　合計　通　□	準口頭

当事者		別紙当事者目録記載のとおり	
被相続人	本籍（国籍）	鹿児島 都道府㊤県 鹿児島市栄町10丁目5番地	
	最後の住所	鹿児島 都道府㊤県 鹿児島市栄町10丁目5番2号	
	フリガナ 氏名	古《コ》屋《ヤ》　勇《イサオ》	平成29年 2 月10日死亡

申立ての趣旨
被相続人の遺産の分割の（ ☑ 調停 ／ □ 審判 ）を求める。

申立ての理由			
遺産の種類及び内容	別紙遺産目録記載のとおり		
被相続人の債務	□ 有	□ 無	☑ 不明
☆特別受益	☑ 有	□ 無	□ 不明
遺言	□ 有	☑ 無	□ 不明
遺産分割協議書	□ 有	☑ 無	□ 不明
申立ての動機	☑ 分割の方法が決まらない。 □ 相続人の資格に争いがある。 □ 遺産の範囲に争いがある。 □ その他（　　　　　）		

（注）太枠の中だけ記入してください。
□の部分は該当するものにチェックしてください。
☆の部分は，被相続人から生前に贈与を受けている等特別な利益を受けている者の有無を選択してください。「有」を選択した場合には，遺産目録のほかに，特別受益目録を作成の上，別紙として添付してください。

遺産（1/ ）

(942100)

出典：裁判所ウェブサイト

当事者等目録

この申立書の写しは，法律の定めるところにより，申立ての内容を知らせるため，相手方に送付されます。

当 事 者 目 録

☑申立人 ☐相手方	本籍（国籍）	鹿児島 都道府（県） 鹿児島市栄町10丁目5番地	
	住所	〒890－0000 鹿児島県鹿児島市栄町10丁目5番2号（　　方）	
	フリガナ 氏名	利部《リベ》　美香《ミカ》	大正（昭和）平成 53年6月6日生（39歳）
	被相続人との続柄	長女	
☐申立人 ☑相手方	本籍（国籍）	鹿児島 都道府（県） 鹿児島市栄町10丁目5番地	
	住所	〒890－0000 鹿児島県鹿児島市栄町10丁目5番2号（　　方）	
	フリガナ 氏名	古屋《コヤ》　節子《セツコ》	大正（昭和）平成 32年4月26日生（60歳）
	被相続人との続柄	妻	
☐申立人 ☑相手方	本籍（国籍）	京都 都道（府）県 京都市伏見区住吉2丁目1番地	
	住所	〒612－0000 京都府京都市伏見区住吉2丁目1番1号（　　方）	
	フリガナ 氏名	愛知《アイチ》　由香《ユカ》	大正（昭和）平成 57年11月4日生（35歳）
	被相続人との続柄	次女	
☐申立人 ☐相手方	本籍（国籍）	都道府県	
	住所	〒　－　（　　方）	
	フリガナ 氏名		大正 昭和 平成　年　月　日生（　歳）
	被相続人との続柄		
☐申立人 ☐相手方	本籍（国籍）	都道府県	
	住所	〒　－　（　　方）	
	フリガナ 氏名		大正 昭和 平成　年　月　日生（　歳）
	被相続人との続柄		

（注）☐の部分は該当するものにチェックしてください。

遺産（　/　）

(942102)

出典：裁判所ウェブサイト

遺産目録（土地・建物）

遺　産　目　録（□特別受益目録）

【土　地】

番号	所　　　　　在	地　　番		地目	地　　積		備　考
		番			平方メートル		
1	鹿児島県鹿児島市 栄町６丁目	3番	1	宅地	100	00	建物1の 敷地
2	鹿児島県鹿児島市 山田1223			畑	500	00	

遺産のすべてを記入します

遺　産　目　録（□特別受益目録）

【建　物】

番号	所　　　　　在	家　屋 番　号	種　類	構　　造	床　面　積		備　考
					平方メートル		
1	所在：鹿児島県鹿児島市 栄町６丁目３番地1 建物の名称： リベラルアパート	家屋番号： 栄町３番 1の101 建物の 名称：101	居宅	木造スレート葺２階建	1階部分 50	00	

出典：裁判所ウェブサイト

4-11 不動産を相続したら

不動産を相続した場合、名義変更をする（相続登記）必要があります。不動産の所在地を管轄する法務局に「登記申請書」と必要書類を提出することで手続きを行いますが、**非常に複雑**であるため、司法書士などの専門家に依頼するのが一般的です。

手続きが完了すれば、新しい所有者となる人に登記識別情報が発行されます。

換価分割などで不動産を売却する場合や、不動産を担保にお金を借りる場合にも名義変更手続きを先に行う必要があります。

また、民法改正により、2020年4月1日から配偶者は、他の相続人が「故人とその配偶者が居住していた住宅」を相続した後も、新たな所有者に賃料などを支払わずに住めるようになりました。

いつまでに

- すみやかに

※相続開始を知った時から３か月経過後でも可

どこへ

- 不動産の所在地を管轄する法務局

誰が

- 相続人など

※専門家に依頼する場合は、委任状と費用が必要となります

何を持っていく

- 「登記申請書」
- 相続人全員の住民票・戸籍謄本・印鑑証明
- 故人の出生から死亡までの戸籍
  ※改製原戸籍や戸籍・除籍謄本
- 相続関係説明図
- 固定資産評価証明書
- 登録免許税（印紙）

※上記以外のものが必要となる場合があります

4-12　預貯金・生命保険金を相続したら

預貯金を相続した場合、金融機関が指定する書類に相続人全員が署名・捺印することで口座の凍結が解除されます。

複数の銀行口座が相続の対象となっている場合は、先にすべての銀行に連絡して指定書式などを確認し、必要な署名や捺印、用意するべき書類など作業の全体像を把握しましょう。書類の作成や取得などを一度に終えることができれば、役所や法定相続人のもとを何度も訪ねなくて済みます。

生命保険金は、**受取人が指定されている**場合、相続の対象となりません（4-4参照）。ただし、故人が受取人となっている場合は相続財産となりますので、保険会社の指定する書類に必要事項を記入し、手続きを行う必要があります。

いつまでに

- すみやかに

※相続開始を知った時から３か月経過後でも可

どこへ

- 金融機関または保険会社

誰が

- 相続人

何を持っていく

- 各種書類
（金融機関・保険会社によって異なる）
- 故人の通帳または保険の契約書
- 故人の出生から死亡までの戸籍
※改製原戸籍や戸籍・除籍謄本
- 相続人（払戻を受ける方）の実印・銀行印
- 遺言書／検認済証明書
※遺言で相続が決まった場合
- 遺産分割協議書／相続人全員の印鑑証明
※遺産分割協議で相続が決まった場合

※上記以外のものが必要となる場合があります

4-13 自動車を相続したら

自動車を相続した場合、まず車検証を確認します。

所有者が故人の場合

必要書類を用意の上、普通自動車の場合は運輸支局（いわゆる陸運局）、軽自動車の場合は軽自動車検査協会で名義変更または廃車の手続きを行います。

所有者がリース会社などの場合

ローンが残っている場合は、残債の支払いについてリース会社などに相談します。残債が残っていた場合、マイナスの財産として相続の対象となります。ローンが残っていない場合は、リース会社が指定する方法で所有権解除の手続きを行います。

また、任意で加入している保険がある場合は、名義変更・解約手続きを併せて行いましょう。

廃車にする場合もまずは相続の手続きが必要ですので注意してください。

バイクや自転車を相続したら

原付やバイクを相続した場合、一旦廃車の手続きを行った上で名義変更をします。必要書類・ナンバープレート・身分証明書・印鑑など（排気量によって異なります）を持参の上、運輸支局または市区町村窓口で手続きを行います。

自転車を相続した場合、防犯登録を相続人名義に変更する手続きが必要です。身分証明書と自転車を持って、防犯登録を扱っている自転車店へ行きましょう。

普通自動車の場合

いつまでに

- すみやかに

※相続開始を知った時から３か月経過後でも可

どこへ

- 管轄の運輸支局

誰が

- 相続人

何を持っていく

- 「自動車検査証記入申請書」（→ P74）
- 車検証
- 車庫証明書
  ※車庫を変更しない場合は不要
- 戸籍謄本など（死亡の事実および相続人全員が確認できるもの）
- 相続人全員（新所有者を含む）の印鑑証明・実印／相続人全員（新所有者以外）の譲渡証明書(実印を押印したもの)
  ※相続人全員（新所有者を含む）が手続きを行う場合
- 遺産分割協議書／印鑑証明／実印
  ※遺産分割協議により、相続人の代表（新所有者）が手続きを行う場合

※上記以外のものが必要となる場合があります
※普通自動車は手数料が必要となります

軽自動車の場合

いつまでに

- すみやかに

※相続開始を知った時から３か月経過後でも可

どこへ

- 管轄の軽自動車検査協会

誰が

- 相続人

何を持っていく

- 「自動車検査証記入申請書」
  「軽自動車税申告書」
- 車検証
- 相続人(新所有者)の住民票または印鑑証明
- 印鑑（朱肉を使用するもの）

※上記以外のものが必要となる場合があります

普通自動車の自動車検査証記入申請書（第１号様式）

☐ 新規登録　☐ 変更登録　☐ 更正登録　☐ 予備検査　☐ 自動
☐ 新規検査　☑ 移転登録　☐ 自動車検査証記入　☐ 自動車検査証交付　☐ 自動

1011

①業務種別　3
1新登検　2新登検完検切　3移転　4変更　5更正　6番号変更　7構造変更　8記載変更　9予備検　11所有者変更記録

②手数料
1無料　2登録無料　3検査無料　4職権

④補助シート　枚

⑥番号指示　5　2－1　－
（種別）二輪は「－」
（用途）1普通　2小型　1自家用　2事業用　3貸渡　4よ　5AB　6EH KM　7Y
（標板）1字光　2転入抹消　1大板一枚　2大板二枚　3小板一枚　4小板二枚

⑦ 4
1 2 3 4 5 6 7 8

⑥②希望自動車登録番号
この欄には希望番号予約済証に記載されている希望登録番号の支局等を表示する文字を除いたものを記入して下さい
ローマ字記入時は右欄をマークして下さい

②①自動車登録番号　ローマ字記入時は下欄をマークして下さい
山口－500－あ－1111

②②車台番号　ローマ字記入時は下欄をマ
123456

所有者欄

⑤⑦氏名又は名称（所有権留保を解除する場合は左欄に「1」を記入し、下欄は記入不要です）
1所有権留保の解除
漢字で記入して下さい（氏名を記入する場合は氏と名の間に1マスあけて記入、濁点・半濁点は同一マス目に「ガ」「バ」と記入）
利部　美智子

⑤⑥住　所
住所コードで記入して下さい
（番、号、番地、棟番号等）ローマ字記入時は下欄
355020000－1－1-10
（都道府県市区郡コード　－　町村コード　－　小字コード）　丁目

自動車登録関係コード検索システムというウェブサイトで調べることができます

使用者欄

④⑤氏名又は名称（⑤⑦所有者と同じ場合は左欄に「1」を、⑤⑦所有者名に後続して使用者名を付加する場合は左欄に「2」を、検査証の所有者と同じ場合は左欄に「3」を、検「4」を、④⓪所有者コードの内容を使用者の項目に流用する場合は左欄に「9」を記入して下さい。また、これらに該当しないときは左欄には記入せず、下欄
1　1所有者に同じ
漢字で記入して下さい（氏名を記入する場合は氏と名の間に1マスあけて記入、濁点・半濁点は同一マス目に「ガ」「バ」と記入）

④③住　所（所有者住所と同じ場合は左欄に「1」を記入し、異なるときは下欄にその使用者住所を記入して下さい）
1　1所有者住所に同じ
住所コードで記入して下さい
（番、号、番地、棟番号等）ローマ字記入時は下欄
（都道府県市区郡コード　－　町村コード　－　小字コード）　丁目

④②使用の本拠の位置
使用者住所と同じ場合は左欄に「1」を記入し、異なるときは下欄にその使用の本拠の位置を記入して下さい
1　1使用者住所に同じ
住所コードで記入して下さい
（番、号、番地、棟番号等）ローマ字記入時は下欄
（都道府県市区郡コード　－　町村コード　－　小字コード）　丁目

②④自動車型式指定・類別区分番号
（自動車型式指定番号）（類別区分番号）

①⓪②製作年月日
（元号）年　月　日

①⓪⓪走行距離計表示

①⓪⑧定期点検

①⓪⑨受検形態

②③装置名等コード　1　2　3

申請人
（新所有者・現所有者）氏名又は名称　利部　美智子　㊞
住所　山口市栄町1丁目1番10号
（使用者）氏名又は名称　同　上　㊞
住所

（旧所有者）氏名又は名称　利部　豊
住所　山口市栄町1丁目1番10号
申請代理人
氏名
住所
受検者
氏名又は名称
住所

201701

検査証記入　□ 所有者変更記録
番号標交付
）申請書

第 1 号様式

⑨出張　⑩備考欄　⑪処理　⑯例外　⑰制限解除　⑲NOx・PM　⑳証明書指示

⑩備考欄：1 備考欄削除　2 検査事項削除　3 備考欄・検査事項削除
（台帳）1 設定　2 削除

⑪処理：1 訂正　2 復元
1 検査証不要　2 支局等指示番号　3 切替・五年経過　4 限定検査証交付

⑯例外：1 全例外　2 請元　3 有効期間　4 備考欄　5 その他例外

⑰制限解除：1 全解除　2 使用者限定　3 抵当嘱託　4 整備命令　5 処理制限

⑳証明書指示：
1 書面提出　2 情報取得　3 預託金解除　5 譲渡証照会
1 保・自提出　2 保適証取得　3 自賠責提出　8 保適証照会　9 自賠責照会

⑧車台番号変更
1 職権打刻　2 職権打刻以外　3 職権打刻例外

㊵所有者コード
（販売店等以外は記入不要）

て下さい

登録識別情報通知の希望の有無
1 通知希望

者名に後続して使用者名を付加する場合は左欄に
名又は名称を記入して下さい。）

⑰登録識別情報
ローマ字記入時は下欄をマークして下さい

て下さい

て下さい

㊲車体の塗色
1 赤　4 黄　7 紫　0 黒
2 橙　5 緑　8 白
3 茶　6 青　9 灰

0 km　2 mile

⑯整備工場コード

4　5　6　7

印

以下の書面に記載すべき事項が登録情報処理機関に提供された場合はチェックして下さい。
□ 譲渡証明書　□ 完成検査終了証
□ 排出ガス検査終了証　□ 保安基準適合証

運輸支局長殿
運輸監理部長

平成　年　月　日

使用の本拠の位置　山口市栄町1丁目1番10号

登録の原因とその日付　相続　平成29年 7 月24日

自動車登録番号標交付の理由

出典：国土交通省

4-14 有価証券を相続したら

株式や債券などの有価証券を相続した場合、証券会社に連絡をします。手続きに必要な書類が送られてくるので、必要事項を記入し返送します。なお、相続人名義の口座を持っていない場合は、開設する必要があります。売却する場合は、名義変更手続きを先に行う必要があります。

国債の場合、国債を購入した金融機関に連絡をします。国債は、1万円から1万円単位で相続人の口座へ移管させることができますが、**満期前に換金**することもできます。

国債を満期前に換金した場合は、中途換金調整額（直前2回分の各利子［税引前］相当額×0.79685／国債10年ものを第3期利子支払日以降に換金する場合の例）が差し引かれます。

いつまでに

- すみやかに

※相続開始を知った時から3か月経過後でも可

どこへ

- 取引のある証券会社または金融機関

誰が

- 相続人

何を持っていく

- 各種書類
（証券会社や金融機関から指定されたもの）
- 故人の出生から死亡までの戸籍
※改製原戸籍や戸籍・除籍謄本
- 遺言書／検認済証明書
※遺言で相続が決まった場合
- 遺産分割協議書／
相続人全員の住民票・戸籍謄本・印鑑証明
※遺産分割協議で相続が決まった場合

※上記以外のものが必要となる場合があります

4-15　相続税を申告する

相続した財産の額が一定（基礎控除額）以上の場合、相続税を納付する必要があります。基礎控除額は、「3000万円＋(600万円×法定相続人の数)」で計算できます。

法定相続人には相続放棄をした人も含みます。養子の人数は、故人に実子がいる場合は１人、いない場合は２人まで認められています。

相続税は、相続開始を知った日の翌日から**10か月以内**に、所轄の税務署に申告の上、納税します。税務署から通知などが届くことはありませんので、忘れずに申告してください。

たとえ税額が０円であっても、配偶者控除などの**軽減措置を受ける**場合には、相続税の申告を行わなければなりません。

相続税の計算は個人でもできますが、不動産や有価証券の評価などが複雑であるため、税理士などの専門家に依頼することをおすすめします。

いつまでに

- 相続開始を知った日の翌日から10か月以内

どこへ

- 管轄の税務署（故人の住所地）

誰が

- 相続人

何を持っていく

- 各種書類
  （「相続税の申告書」(→P78) など）
- 故人の戸籍謄本など
  （すべての相続人を明らかにするもの）
- 相続人のマイナンバーカード
  （個人番号カード）
- 遺言書／検認済証明書
  ※遺言で相続が決まった場合
- 遺産分割協議書／相続人全員の印鑑証明
  ※遺産分割協議で相続が決まった場合

※上記以外のものが必要となる場合があります

相続税の申告書

相続税の申告書

FD3555

＿＿＿＿税務署長

＿＿年＿＿月＿＿日 提出

相続開始年月日 29 年 1 月 21 日

※申告期限延長日　年　月　日

○フリガナは、必ず記入してください。

	各人の合計	財産を取得した人
フリガナ	(被相続人) リベ ツトム	リベ ジュンコ
氏名	利部 勉	利部 順子 ㊞
個人番号又は法人番号		↓個人番号の記載に当たっては、左端を空欄としここから記載してください。 123456789012
生年月日	昭和27 年 5 月 1 日 (年齢 65 歳)	昭和30 年 12 月 24 日 (年齢 62 歳)
住所 (電話番号)	福井県福井市 栄町3丁目10番6号	〒918-0000 福井県福井市栄町3丁目10番6号 (0776 - 00 - 0000)
被相続人との続柄 / 職業		
取得原因	該当する取得原因を○で囲みます。	相続・遺贈・相続時精算課税に係る贈与
※整理番号		

			各人の合計	財産を取得した人
課税価格の計算	取得財産の価額 (第11表③)	①	円	円
	相続時精算課税適用財産の価額 (第11の2表1⑦)	②		
	債務及び葬式費用の金額 (第13表3⑦)	③		
	純資産価額 (①+②−③) (赤字のときは0)	④		
	純資産価額に加算される暦年課税分の贈与財産価額 (第14表1④)	⑤		
	課税価格 (④+⑤) (1,000円未満切捨て)	⑥	000 Ⓐ	000
各人の算出税額の計算	法定相続人の数 / 遺産に係る基礎控除額		人 000000 円 Ⓑ	左の欄には、第2表の②欄の㋺の人数及び㋩の金額を記入します。
	相続税の総額	⑦	00	左の欄には、第2表の⑧欄の金額を記入します。
	一般の場合 (⑩の場合を除く) あん分割合 (各人の⑥/Ⓐ)	⑧	1.00	.
	一般の場合 (⑩の場合を除く) 算出税額 (⑦×各人の⑧)	⑨	円	円
	農地等納税猶予の適用を受ける場合 算出税額 (第3表⑬)	⑩		
	相続税額の2割加算が行われる場合の加算金額 (第4表1⑥)	⑪	円	円
各人の納付・還付税額の計算	税額控除 暦年課税分の贈与税額控除額 (第4表の2⑰)	⑫		
	税額控除 配偶者の税額軽減額 (第5表㋑又は㋬)	⑬		
	税額控除 未成年者控除額 (第6表1②、③又は⑥)	⑭		
	税額控除 障害者控除額 (第6表2②、③又は⑥)	⑮		
	税額控除 相次相続控除額 (第7表⑬又は⑱)	⑯		
	税額控除 外国税額控除額 (第8表1⑱)	⑰		
	税額控除 計	⑱		
	差引税額 (⑨+⑪−⑱)又は(⑩+⑪−⑱) (赤字のときは0)	⑲		
	相続時精算課税分の贈与税額控除額 (第11の2表⑧)	⑳	00	00
	医療法人持分税額控除額 (第8の4表2B)	㉑		
	小計 (⑲−⑳−㉑) (黒字のときは100円未満切捨て)	㉒		
	農地等納税猶予税額 (第8表2⑦)	㉓	00	00
	株式等納税猶予税額 (第8の2表2⑩)	㉔	00	00
	山林納税猶予税額 (第8の3表2⑧)	㉕	00	00
	医療法人持分納税猶予税額 (第8の4表2A)	㉖	00	00
	申告納税額 (㉒−㉓−㉔−㉕−㉖) 申告期限までに納付すべき税額	㉗	00	00
	申告納税額 (㉒−㉓−㉔−㉕−㉖) 還付される税額	㉘	△	△

※税務署整理欄　申告区分　年分　グループ番号　補完番号　補完番号
名簿番号　申告年月日　検算印　管理補完　確認

作成税理士の事務所所在地・署名押印・電話番号　㊞

□ 税理士法第30条の書面提出有
□ 税理士法第33条の2の書面提出有

(資4−20−1−1−A4統一) 第1表 (平28.9)

第1表 (平成28年分以降用)

(注) ㉒欄の金額が赤字となる場合は、㉒欄の左端に△を付してください。なお、この場合で、㉒欄の金額のうちに贈与税の外国税額控除額(第11の2表⑨)があるときの㉘欄の金額については、「相続税の申告のしかた」を参照してください。

※税務署整理欄　通信日付印　年月日　(確認者印)

税務署受付印

○この申告書は機械で読み取りますので、黒ボールペンで記入してください。
また、申告書と添付資料を一緒にとじないでください。

※の項目は記入する必要がありません。

専門家に依頼することを
おすすめします

出典：国税庁

5

こんな時には？

知っておくと助かる様々な制度や
場合によって必要となる手続きを
個別に紹介していきます。

5-1 葬祭費を申請する

葬儀や埋葬を行った場合、一定の要件を満たせば費用の一部が支給されます。

故人が国民健康保険などに加入していた場合

故人が国民健康保険や後期高齢者医療制度に加入していれば、葬儀を行った際に喪主に対して葬祭費が支給されます。

金額は地域によって異なりますが、数万円程度です。

いつまでに

- 2年以内（葬儀を行った日を含まない）

どこへ

- 市区町村窓口（故人の住所地）

誰が

- 喪主

何を持っていく

- 申請書
（「国民健康保険葬祭費支給申請書」や「後期高齢者医療葬祭費支給申請書」など）
（→ P22）
- 葬儀の際の領収書や会葬礼状など
- 故人の健康保険証
- 運転免許証など
（申請者の身分が確認できるもの）
- 金融機関の通帳（コピーでも可）
- 印鑑（朱肉を使用するもの）

※地域によって異なります

故人が生活保護を受けていた場合

故人が生活保護を受けており、親族も葬儀費用を出すことが難しい場合、自治体の葬祭扶助制度が利用できます。

葬儀の前に手続きを行う必要がありますので、担当のケースワーカーや市区町村役場の福祉課などに相談してください。

5-2 埋葬費・埋葬料を申請する

埋葬を行った方に、埋葬費が支給されます。ただし、健康保険に加入している故人により**生計を維持されていた**（例：故人の収入で暮らしていたなど）ことが条件となります。金額は５万円です。

故人が独身などで申請できる方がいない場合は、埋葬を実際に行った方に、かかった費用（上限５万円）が支払われます。

なお、退職などにより健康保険の資格を喪失していても、資格喪失から３か月以内であれば申請することができます。

いつまでに

- ２年以内（埋葬を行った日を含まない）

どこへ

- 故人の勤め先
- 各協会けんぽ／健康保険組合

誰が

- 埋葬を行った方

何を持っていく

- 申請書
  （「健康保険埋葬料（費）支給申請書」など）
- 埋葬にかかった費用の領収書
  ※霊前供物代や僧侶への謝礼なども対象となります
- 死亡診断書のコピー
- 住民票など（生計維持を確認できるもの）

※状況や加入先によって異なりますので、お問い合わせください

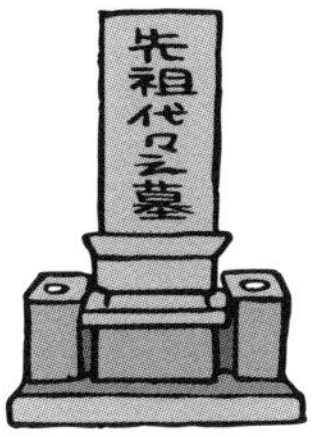

5-3 遺族補償を申請する

仕事中に事故で亡くなった場合は、**遺族補償年金**（通勤中に亡くなった場合は「遺族年金」）が労災保険から遺族に支給されます。

給付を受けるには、故人（亡くなった労働者）と生計を同じくしていたことが前提となり、妻以外は年齢や障害の要件を満たしている必要があります。

受給権者が複数いる場合は、全員で均等に分けることになります。

受給権者がいない場合は、**遺族補償一時金**（通勤中に亡くなった場合は「遺族一時金」）が支給されます。

また、受給権者には、一時金として**遺族特別支給金**、遺族の数に応じた**遺族特別年金**が併せて支給されます。なお、故人の葬儀を行った方（社葬の場合は勤め先）には、**葬祭費**が支給されます。

いつまでに

- 5年以内（亡くなった日を含まない）

どこへ

- 労働局／労働基準監督署／公共職業安定所

誰が

- 受給権者

何を持っていく

- 支給申請書（支給請求書）
- 死亡届の写し（→ P40）、戸籍謄本など

※上記以外のものが必要となる場合があります

5-4 児童扶養手当を申請する

両親のどちらかが亡くなり、かつ18歳未満（または中度以上の障害がある場合は20歳未満）の子どもがいる場合、児童扶養手当が支給されます。

支給額は前年の全国消費者物価指数によって決定されます。

支給を受けるには所得制限などの要件があり、また、子どもの人数によって支給額が変わります。

なお、実際に支給を受けた場合は毎年8月に「現況届」を提出する必要があります。支給対象の児童の名前や支給額などが記載された書類が役所から届きますので、間違いがないか確認し、署名・捺印をして返送しましょう。

いつまでに

- すみやかに

どこへ

- 市区町村窓口

誰が

- 父／母／父または母に代わって児童を養育する方

何を持っていく

- 戸籍謄本（請求者と対象児童）
- 所得証明書
- 住民票（世帯全員）
- 運転免許証など（請求者の身分が確認できるもの）
- マイナンバーがわかるもの（請求者と対象児童）
- 金融機関の通帳（コピーでも可）
- 印鑑（朱肉を使用するもの）

※地域や状況によって異なります

5-5 高額療養費の払い戻しを受ける

健康保険・国民健康保険・後期高齢者医療制度の加入者が支払った医療費の自己負担額が高額になった場合、**一部払い戻し**を受けることができます。ただし、入院中の食事代や差額ベッド代（基本以外の部屋を選択した場合に支払う費用）などは対象となりません。

なお、故人が複数の医療機関を受診していた場合や、故人と同世帯内で病院を受診した人がいた場合には、1か月の自己負担額を合算できる世帯合算というしくみが使えます。

また、直近の12か月に3回以上高額療養費の支給を受けている場合には、4回目以降の自己負担がさらに軽減される多数該当というしくみが利用できます。

いつまでに

- 2年以内（診療月を含まない）

どこへ

国民健康保険や後期高齢者医療制度に加入していた場合

- 市区町村窓口など

健康保険に加入していた場合

- 各協会けんぽ／健康保険組合

誰が

- 相続人

何を持っていく

- 「高額療養費支給申請書」
- 病院に支払った費用の領収書など
- 戸籍謄本など
（故人と申請者の関係がわかるもの）
- 故人の健康保険証
- 金融機関の通帳（コピーでも可）
- 印鑑（朱肉を使用するもの）

※上記以外のものが必要となる場合があります

5-6 医療費控除を受ける

故人が亡くなる時までに支払ったその年の医療費が高額になった場合、準確定申告時に、一定の金額の**所得控除**を受けることができます。年間で10万円を超える場合や、故人の所得の５％（所得が200万円未満の場合）を超える場合が対象となります。

また、2017年１月から、定期健康診断を受けている方などを対象に、市販薬に関する医療費控除の特例「セルフメディケーション税制」が新設されました。

2021年12月31日まで、医療用医薬品のうち、市販薬にスイッチされた薬品（スイッチOTC医薬品）が対象となります。厚生労働省のホームページで、対象商品名を確認することができます。

いつまでに

- ５年以内
  （医療費を支払った年を含まない）

どこへ

- 税務署

誰が

- 相続人

※準確定申告時に行います

何を持っていく

- 「確定申告書」または「準確定申告書」
- 病院などに支払った費用の領収書など
- 源泉徴収票（原本）
- 印鑑（朱肉を使用するもの）

準確定申告とは、亡くなった方の所得税の確定申告です。1月1日から死亡した日までの所得に応じて、相続開始を知った日の翌日から４か月以内に申告・納税する必要があります

5-7 名字を旧姓に戻す

配偶者（夫）が亡くなった場合、名字を旧姓に戻すことができます。旧姓に戻す場合は、市区町村窓口に「復氏届」の提出が必要となります。

復氏届を提出すると、配偶者の戸籍から抜けて結婚前の戸籍に戻ることになります。なお、故人との**姻族《いんぞく》関係は継続される**ため、扶養や養育などの義務と権利もそのまま継続することになります（5-8参照）。

また、復氏届では子どもの戸籍は変更されません。子どもを新しい戸籍に入れる場合は管轄の家庭裁判所に「子の氏の変更許可申立書」（→ P88）を提出する必要があります。

申立に対して許可が下りたら、市区町村窓口に「入籍届」を提出しましょう。

いつまでに

- 期限なし

※故人が外国人の場合は、亡くなった日の翌日から３か月以内に行わないと、家庭裁判所の許可が必要となります

どこへ

- 市区町村窓口
（本人の本籍地または居住地）

誰が

- 本人（残された配偶者）

何を持っていく

- 「復氏届」（→ P87）
- 印鑑（朱肉を使用するもの）

※本籍地以外に届け出る場合は、戸籍謄本が必要となります

※上記以外のものが必要となる場合があります

復氏届

復　氏　届

平成29年10月 5 日 届出

北海道北見市長　殿

受 理 平成　年　月　日 第　　号			発 送 平成　年　月　日			
送 付 平成　年　月　日 第　　号			長　印			
書類調査	戸籍記載	記載調査	附　票	住 民 票	通　知	

(よみかた) 復氏する人の氏名	氏 利部《りべ》　名 純子《じゅんこ》　昭和45年 2 月 7 日生
住所 (住民登録をしているところ)	北海道北見市栄町6丁目12 (番地) 番　号 (よみかた) 世帯主の氏名 利部《りべ》 純子《じゅんこ》
本籍	北海道北見市住吉1丁目10 (番地) 番 筆頭者の氏名 利部 学
(よみかた) 復する氏 父母の氏名 父母との続き柄	氏 古屋《こや》 ／ 父 古屋 一　母 啓子 ／ 続き柄 長 □男 ☑女
復氏した後の本籍	☑もとの戸籍にもどる　□新しい戸籍をつくる 東京都目黒区山田4丁目1 (番地) 番　筆頭者の氏名 古屋 一
死亡した配偶者	氏名 利部 学　平成29年 4 月 4 日 死亡
その他	
届出人署名押印	利部 純子　印

連絡先	電話 0157-00-0000 番 (自宅)・勤務先・呼出　方

出典：北見市

子の氏の変更許可申立書（15歳以上）

受付印	子の氏の変更許可申立書
	（この欄に申立人１人について収入印紙800円分を貼ってください。） 印紙　印紙 （貼った印紙に押印しないでください。）
収入印紙　　円 予納郵便切手　　円	

準口頭		関連事件番号　平成　　年（家　　）第　　　号

那覇　家庭裁判所 御中 平成 29 年 12 月 11 日	申立人 （15歳未満の場合は法定代理人） の記名押印	愛知　優奈　㊞

添付書類	（同じ書類は１通で足ります。審理のために必要な場合は，追加書類の提出をお願いすることがあります。） ☑ 申立人（子）の戸籍謄本（全部事項証明書）　☑ 父・母の戸籍謄本（全部事項証明書） □

申立人（子）	本籍	沖縄　都道府㊉県　那覇市栄町１丁目６番地	
	住所	〒 900 － 0000　電話 098（000）0000 沖縄県那覇市栄町１丁目６番５号　（　　方）	
	フリガナ 氏名	愛《アイ》知《チ》　優《ユ》奈《ナ》	昭和 ㊉平成　5 年 6 月 2 日生 （ 24 歳）
	本籍 住所	※　上記申立人と同じ	
	フリガナ 氏名		昭和 平成　年　月　日生 （　歳）
	本籍 住所	※　上記申立人と同じ	
	フリガナ 氏名		昭和 平成　年　月　日生 （　歳）
☆ 法定代理人 （父・母 後見人）	本籍	都道 府県	
	住所	〒　－　電話　（　） （　　方）	
	フリガナ 氏名		フリガナ 氏名

（注）　太枠の中だけ記入してください。　※の部分は，各申立人の本籍及び住所が異なる場合はそれぞれ記入してください。　☆の部分は，申立人が１５歳未満の場合に記入してください。

子の氏（1/2）

（942010）

申　立　て　の　趣　旨
※ 申立人の氏（　愛知　）を　①母　2 父　3 父母　の氏（　古屋　）に変更することの許可を求める。

（注）　※の部分は，当てはまる番号を○で囲み，（　）内に具体的に記入してください。

申　立　て　の　理　由
父・母と氏を異にする理由
※ ① 父母の離婚　　5 父の認知 2 父・母の婚姻　　6 父(母)死亡後，母(父)の復氏 3 父・母の養子縁組　　7 その他（　　　） 4 父・母の養子離縁 （その年月日　　平成 29 年 11 月 1 日）
申　立　て　の　動　機
※ ① 母との同居生活上の支障　　5 結婚 2 父との同居生活上の支障　　6 その他（　　　） 3 入園・入学 4 就職

（注）　太枠の中だけ記入してください。　※の部分は，当てはまる番号を○で囲み，父・母と氏を異にする理由の7，申立ての動機の6を選んだ場合には，（　）内に具体的に記入してください。

子の氏（2/2）

出典：裁判所ウェブサイト

5-8 姻族関係を終了する

配偶者（妻や夫）が死亡すると、婚姻関係は終了します。

ただし、配偶者の親族との**姻族《いんぞく》関係は継続**されるため、市区町村窓口に「姻族関係終了届」を提出することで、解消することができます。

姻族関係にある場合、故人の両親の扶養義務などがありますが、関係を解消すればそれらの義務から解放されます。手続きにあたって故人の親族の了解・了承を得る必要はありません。

なお、配偶者との親族関係は解消されないため、相続に影響することはありません。

いつまでに

- 期限なし

どこへ

- 市区町村窓口
（本人の本籍地または居住地）

誰が

- 本人（残された配偶者）

何を持っていく

- 「姻族関係終了届」（→ P91）
- 届出人の現在の戸籍謄本（除籍謄本）
- 印鑑（朱肉を使用するもの）

※上記以外のものが必要となる場合があります

姻族とは、義理の父母や兄弟姉妹のことです。法律用語なので、実生活では親族と同じ意味と考えてよいでしょう。

姻族関係終了届

姻族関係終了届

平成 29 年 8 月 29 日届出

北海道札幌市 長 殿

受理 平成 年 月 日 第 号			発送 平成 年 月 日			
送付 平成 年 月 日 第 号			長印			
書類調査	戸籍記載	記載調査				

(よみかた) 姻族関係を終了させる人の氏名	りべ えつこ 氏 利部 名 悦子 昭和30 年 1 月 17 日生
住所 (住民登録をしているところ)	札幌市手稲区栄西3丁目9 番地 番 3 号 世帯主の氏名 利部 悦子
本籍	札幌市手稲区栄西3丁目9 番地 番 筆頭者の氏名 利部 隆
死亡した配偶者	氏名 利部 隆 平成29 年 4 月 30 日死亡 本籍 札幌市手稲区栄西3丁目9 番地 番 筆頭者の氏名 利部 隆
その他	
届出人署名押印	利部 悦子 印

字訂正 字加入 字削除	
届出印	

日中連絡のとれるところ
電話(011)000−0000
自宅 勤務先 呼出(方)

出典:札幌市

5-9 事業を引き継ぐ

故人が営んでいた事業を引き継ぐ場合、一旦廃業手続きを行った上で開業の手続きを行います。

専門的な内容も多いので、故人の事業を廃業するにしても引き継ぐにしても、税理士などの専門家に相談することをおすすめします。

廃業の手続きを行う

故人が亡くなった日から**すみやかに**「個人事業者の死亡届出書」を税務署に提出します。

提出が済んだら、準確定申告を行います。自営業者のように、給与所得者でない方が年の途中で亡くなった場合、亡くなった年の年初（1月1日）から亡くなった日までに確定した所得金額と税額を計算し、亡くなった日から**4か月以内**に、申告・納税しなければなりません。

いつまでに

- すみやかに

どこへ

- 税務署など

誰が

- 事業を引き継ぐ方

※事業を承継せず、廃業のみを行う場合は、相続人が手続きを行います

何を持っていく

- 「個人事業者の死亡届出書」（→ P94）
- 「所得税の青色申告の取りやめ届出書」

※青色申告をしていた場合

開業の手続きを行う

飲食店や食品販売などの事業を引き継ぐ場合は、事業者の地位を承継した相続人が営業許可を取得しなければなりません。

開業から**1か月以内**に「個人事業の開業・廃業等届出書」を税務署に提出しますが、併せて「青色申告承認申請書」を提出することも検討しましょう。

「青色申告承認申請書」を提出すると、規則に沿った帳簿を作成する義務は生じますが、「最大65万円の控除が認められる」「家族の給与が経費として計上できる」「3年間赤字を繰り越せる」など、様々なメリットがあります。

ポイント！

故人の営んでいた事業（資産や借金）も、**相続の対象**となります。ここで揉めると事業の継続が困難になる場合もあるので、注意が必要です。

いつまでに

- 事業開始の日から1か月以内

どこへ

- 税務署など

誰が

- 事業を引き継ぐ方

何を持っていく

- 「個人事業の開業・廃業等届出書」
- 「青色申告承認申請書」

※状況によって、上記以外のものが必要となります

個人事業者の死亡届出書

第７号様式

個 人 事 業 者 の 死 亡 届 出 書

収受印

平成29年 7 月14日 広島北 税務署長殿	届出者	（フリガナ）	ヒロシマシアサミナミクサカエマチ
		住 所 又 は 居 所	（〒731－0100） 広島市安佐南区栄町２丁目３番５号 （電話番号 082 － 000 －0000）
		（フリガナ）	リ ベ マナブ
		氏 名	利 部 学 ㊞
		個 人 番 号	1 2 3 4 5 6 7 8 9 0 1 2

マイナンバーを記入します

下記のとおり、事業者が死亡したので、消費税法第57条第１項第４号の規定により届出します。		
死 亡 年 月 日		平成 29 年 4 月 27 日
死亡した事業者	納 税 地	広島市安佐南区栄町２丁目３番５号
	氏 名	利 部 一 郎
届出人と死亡した事業者との関係		子

参 考 事 項	事 業 承 継 の 有 無		㊒ ・ 無
	事業承継者	住 所 又 は 居 所	広島市安佐南区栄町２丁目３番５号 （電話番号 082 － 000 －0000）
		氏 名	利 部 学
税 理 士 署 名 押 印	印 （電話番号 － － ）		

※税務署処理欄	整理番号		部門番号				
	届出年月日	年 月 日	入力処理	年 月 日	台帳整理	年 月 日	
	番号確認		身元確認	□ 済 □ 未済	確認書類	個人番号カード／通知カード・運転免許証 その他（ ）	

注意 １．裏面の記載要領等に留意の上、記載してください。
２．税務署処理欄は、記載しないでください。

出典：国税庁

さくいん

監修：山口朝重（やまぐち ともしげ）

山口朝重行政書士事務所代表
千葉大学法経学部卒業。大手マンションデベロッパーに約20年勤務。宅建士・マンション管理士・管理業務主任者資格講座の講師を務める一方で、資格試験対策問題集などの執筆・作成にも携わる。
相続に関しては得意分野である不動産の相続や事業の承継などの案件に限らず、広く引き受けている。存在することを知らなかった異父（母）兄弟姉妹などが法定相続人となることがわかり、色々な専門家に相談したものの連絡さえ難しかったという事例なども数多く手がける。

http://www.t-yamaguchi.com

文	真下智子・御厨恵寿
イラスト	なかのまいこ
装丁デザイン	宮下ヨシヲ（サイフォン グラフィカ）
本文デザイン・DTP	渡辺靖子（リベラル社）
編集	上島俊秀・安田卓馬（リベラル社）
編集人	伊藤光恵（リベラル社）
営業	竹本健志（リベラル社）

編集部　堀友香・山田吉之
営業部　津村卓・津田滋春・廣田修・青木ちはる・澤順二・大野勝司
制作・営業コーディネーター　仲野進

※本書は2017年に小社より発刊した『もしもの時の手続きガイド』を再編集したものです
※本書の内容は2020年5月現在の情報に基づいています。今後の法改正などによって、本書掲載の情報は変更となる可能性があります

一番わかりやすい 身内が亡くなった後の手続き

2020年6月27日　初版

編　集	リベラル社
発行者	隅田直樹
発行所	株式会社 リベラル社
	〒460-0008 名古屋市中区栄3-7-9 新鏡栄ビル8F
	TEL 052-261-9101 FAX 052-261-9134 http://liberalsya.com
発　売	株式会社 星雲社（共同出版社・流通責任出版社）
	〒112-0005 東京都文京区水道1-3-30
	TEL 03-3868-3275

ISBN978-4-434-27670-5